Claudine
Legault

/0469/$010.95¢

tit~coq

gratien gélinas

pièce en trois actes

Présentation critique et bibliographie
de Laurent Mailhot

Quinze/présence

Couverture : d'après une maquette de Michel Bérard
Dessin : Gité

LES QUINZE, ÉDITEUR
(Division de Sogides Ltée)
955, rue Amherst, Montréal
H2L 3K4
tél. : (514) 523-1182

Distributeur exclusif pour le Canada :
AGENCE DE DISTRIBUTION POPULAIRE INC.
(Filiale de Sogides Ltée)
955, rue Amherst, Montréal
H2L 3K4
tél. : (514) 523-1182

Présentation critique

Tit-Coq, pièce pour un homme seul

> « Le bâtard tout seul dans la vie, ni vu ni connu. »
> — *Tit-Coq*

Un homme de théâtre

Né en 1909 à Saint-Tite-de-Champlain, Gratien Gélinas étudie au Collège de Montréal et à l'École des Hautes Études commerciales, occupe divers emplois temporaires (vendeur, agent), suit des cours de diction, d'art dramatique et de mise en scène. Ses débuts sur les planches datent de 1927, au collège. Dès 1930, il joue avec le *Montreal Repertory Theater*. De 1935 à 1937, il interprète à la radio le rôle de Lionel Théberge dans *le Curé de village* de Robert Choquette. En 1936, la revue nocturne de Jean Béraud et Louis Francoeur, *Télévise-moi ça*, révèle au grand public du Théâtre Saint-Denis « un comique qui fera du chemin », Gratien Gélinas. Quant au premier personnage de l'acteur-auteur, Fridolin, il naît à CKAC en 1937. Porté à la scène l'année suivante, il sera le pivot des revues annuelles (sketches, chansons, monologues) intitulées *Fridolinons* [1] qui feront les beaux soirs

---

1. Signalons ici la parution prochaine, en 1980-81, du texte intégral des *Fridolinons* ou *Fridolinades,* chez Les Quinze, éditeur.

du Monument-National de 1938 à 1946, avec un appendice quelques années plus tard (*Fridolinades 56*).

Comédien, scripteur, metteur en scène, producteur, Gratien Gélinas s'entoure d'excellents collaborateurs : Louis Pelland et Claude Robillard pour les textes, Fred Barry, Clément Latour, etc. pour l'interprétation et la direction. Après dix ou quinze ans d'expériences et de succès, Gélinas a acquis un langage, un style, un auditoire et une audience. Il est prêt à passer de la revue satirique d'actualité au théâtre proprement dit. *Tit-Coq* (1948) est la *vraie* pièce que le public attendait.

Le nom du futur héros est mentionné incidemment dans « La vitrine brisée », monologue de *Fridolinons 43* : « Tout d'un coup, Tit-Coq me poussaille en se couraillant avec Gugusse, puis vlang ! j'attrape la vitrine... », dit Fridolin. Quant au personnage lui-même, il apparaît pour la première fois dans un sketch de *Fridolinons 45*, intitulé « Dans le p'tit café d'en face », qui deviendra plus tard « Le départ du conscrit ». En 1947, dans « Le retour du conscrit », surtout aux 5e et 6e tableaux, l'intrigue de *Tit-Coq* est fortement esquissée [2]. Joseph Arthur, qui ne s'appelle pas encore Arthur Saint-Jean, *alias* Tit-Coq, se présente comme un enfant abandonné, « élevé chez les Soeurs Grises, au pied de la côte de la rue Atwater ». Son amie Marie-Ange, sa quasi-fiancée — « Y a des choses qui fiancent plus un gars puis une fille qu'une bague de quinze piastres » — s'est mariée sans attendre le retour d'outre-mer du soldat. Elle lui permet de l'embrasser une dernière fois ; il refuse.

---

2. D'autres sketches préparent, annoncent le comique de situation et les scènes familiales de *Tit-Coq* : « Les parents s'ennuient le dimanche » (*Fridolinons 42*), « Le mariage d'Aurore » (1943, repris en 1946), « Et ils furent heureux » (1944).

Le triomphe de *Tit-Coq* accapare Gratien Gélinas durant plusieurs années : tournées, traduction, adaptation, film. Non seulement l'auteur joue, dirige, organise, mais il doit multiplier les interviews, s'expliquer, fréquenter les cocktails de presse et les réceptions académiques, aller cueillir (avec humour) les doctorats ès lettres *honoris causa* [3] et autres lauriers, prix, médailles. À partir de 1954, Gélinas travaille à la télévision, notamment comme co-scripteur de la série *les Quat-Fers en l'air*. En 1956, il joue dans deux pièces de Shakespeare à Stratford (Ontario) et à Edimbourg (Écosse). Gélinas fonde en 1957 la Comédie-Canadienne qu'il administrera jusqu'en 1972. En 1969, il devient président de la Société de développement de l'industrie cinématographique canadienne. Il prépare actuellement l'édition des *Fridolinons* ou *Fridolinades*.

Ce n'est qu'en 1959 que Gélinas créera sa seconde pièce, sans doute la mieux équilibrée, *Bousille et les justes*, profondément anti-duplessiste. Le dramaturge met en scène sa pièce et interprète le rôle de Bousille, souffre-douleur d'une famille de parvenus provinciaux, hypocrites et incultes. Gélinas revient un moment à la revue avec *le Diable à quatre* en 1964. Sa dernière pièce de théâtre — si on excepte l'adaptation d'une pièce de George Ryga, *Rita Joe*, en 1969 — est *Hier les enfants dansaient* (1966), qui exploite les tensions familiales dues aux problèmes politiques de ce que la Commission Laurendeau-Dunton appelle la « crise canadienne ».

---

3. Il en aura six : des universités de Montréal, Toronto, Saskatoon, McGill, Nouveau-Brunswick, Trent...

« *Tit-Coq* » *en son temps*

Tit-Coq survenait à un moment opportun. Non seulement dans la carrière théâtrale de Gratien Gélinas et
pour le public qu'il avait formé (certains diraient :
déformé), mais plus largement pour la société canadienne-française. L'année 1948 est celle du manifeste *Refus
global* de Borduas aussi bien que de la victoire écrasante
de Duplessis. La grève de l'Amiante éclatera l'année suivante. La guerre a bouleversé les habitudes traditionnel-
les. Le Québec s'est industrialisé, il a lu les journaux,
écouté la radio, comparé les idéologies, les régimes, les
chefs. Il s'est ouvert au monde et commence à s'interro-
ger sur lui-même.

La naissance d'un théâtre autochtone a été précédée,
préparée par les débuts de la radio et la fondation des
Compagnons de Saint-Laurent (1937). En même temps
que le théâtre, et avant lui, se manifeste un renouveau de
la poésie et du roman. Les revues culturelles, les mouve-
ments et les feuilles politiques se sont multipliés dès les
années trente ; la défaite et l'occupation française ont
développé l'édition à Montréal.

Dans *Tit-Coq* comme dans ses revues, Gratien Gélinas
crée des situations et des personnages qui sont très pro-
ches des héros et des milieux de *Bonheur d'occasion*, d'*Au
pied de la pente douce* ou des *Plouffe*. Le décor est le même —
cuisines chaleureuses, petits restaurants, coins de rues...
—, le langage et le ton sont comparables. *Tit-Coq* allie la
gouaille de Lemelin à la tendresse douce-amère de
Gabrielle Roy. Tit-Coq est à peine plus naïf, plus idéalis-
te que l'ambitieux Denis Boucher, et il est plus direct,
plus franc. « Les personnages de Lemelin, à côté de
ceux-ci, ont l'air de marionnettes », écrit André Lauren-

deau [4]. La famille Désilets est une famille Lacasse de l'avant-guerre, à la campagne, et la mère s'appelle dans les deux cas Rose-Anna.

Tit-Coq, on le sait, a été reçu par la critique québécoise et canadienne, sauf exceptions rarissimes, comme une révélation ou une confirmation des talents de tout un peuple en même temps que de sa souffrance refoulée. « C'est un record, un record incontestable, et à divers titres... », proclame Jean Béraud (*la Presse*). Eugène Lapierre (*le Devoir*) risque le mot de « chef-d'oeuvre ». « *Tit-Coq* comble tous nos voeux », assure Roger Duhamel (*Montréal-Matin*). « *Tit-Coq* est l'une des oeuvres les plus originales et les plus poignantes du théâtre moderne (...) Il y a des moments qui sont d'une tendresse exquise ou d'une violence terrible, ou d'une gouaille plus terrible encore, souvent qui sont tout cela à la fois, des moments qui ont fort peu d'égaux sur la scène contemporaine », écrit un correspondant de guerre et futur premier ministre, René Lévesque (*le Clairon*). « Si Jean-Paul Sartre fait sa cour à l'intellectuel, au cérébral, M. Gélinas s'adresse, lui, au peuple. Et par un heureux rebondissement, il satisfait en même temps l'homme instruit... », conclut de son côté Maurice Huot (*la Patrie*). « Que Gélinas sache bien que tout le Canada français le regarde », avertit le père Ernest Gagnon (*Relations*). Comment ne le saurait-il pas ! On le compare à Chaplin, à Pagnol, à Molière ; on rapproche son oeuvre de *Maria Chapdelaine*, de *Menaud*, d'*Un homme et son péché*. On le présente, à droite et à gauche, comme la « voix » privilégiée de notre « âme » collective, à la fois témoin, défenseur, ambassadeur, etc.

---

4. « *Tit-Coq* devenu livre », *l'Action nationale*, vol. 36, no 1, septembre 1950, p. 77.

Gélinas est le Maurice Richard de la scène, *Tit-Coq* une patinoire-miroir où chacun voit son visage, ses peurs et ses rêves reflétés.

« Et notre coeur, d'ordinaire insensible et mesquin, se découvre tout à coup la rare puissance de souffrir et d'aimer » (Roger Rolland, *le Petit Journal*). Il faudra attendre Yvon Deschamps ou Gilles Vigneault pour qu'une identification aussi personnelle et aussi massive se manifeste. Ni Dubé ni Tremblay, malgré leurs succès, n'emporteront aussi facilement l'adhésion. Les circonstances, bien sûr, ont favorisé Gélinas. Le demi-désert de 1948 appelait les oeuvres-reflets ; dix ou vingt ans plus tard, le théâtre international sera connu à Montréal, la concurrence et la critique beaucoup plus vives.

La critique qui tenta, à l'époque, de stigmatiser *Tit-Coq* se compose essentiellement de quelques puristes, tel Victor Barbeau [5], plus pamphlétaire qu'esthète, et d'intrégristes comme le Scrutateur anonyme [6] des *Carnets viatoriens,* de Joliette, qui y voit une « bouffonnerie dissolvante », un étalage d'« épicerie gauloise, aussi éloignée que possible de l'honnêteté de la bonne société et de l'honnêteté tout court [7] ». C'est là le style et la pensée du notaire Laframboise des *Fridolinons*. Parmi les critiques sévères mais plus intelligentes et nuancées, mentionnons celles de Guy Sylvestre et de Pierre de Grandpré. Celui-ci compare Gratien Gélinas à Edmond de Nevers, c'est-à-dire deux productions « aussi différentes par nature que le spectacle éphémère monté par un comédien d'aujour-

---

5. Voir plus loin notre « Éventail de critiques ou d'opinions... »

6. Sans doute le R.P. Tessier, C.S.V., et non pas Gustave Lamarche.

7. Dans cet articulet intitulé « Primauté des bouffons » (*les Carnets viatoriens,* 13e année, no 4, octobre 1948, p. 306-307), le censeur, plutôt

d'hui et l'oeuvre profondément méditée d'un jeune homme d'il y a un demi-siècle qui avait parcouru plusieurs pays... [8] » Gélinas a moins voyagé que l'auteur, globe-trotter et polyglotte, de *l'Avenir du peuple canadien-français* [9], mais le théâtre est-il par définition un genre plus « éphémère » que l'essai, et le passé (le Passé) est-il toujours à préférer au présent ? Un « amuseur éminemment populaire » (*ibidem*) peut être aussi sérieux qu'un penseur élitiste.

Après le demi-succès de Chicago et l'échec du Broadway, on resserre les rangs. « Chef-d'oeuvre ou pas chef-d'oeuvre, l'oeuvre même meurtrie, même atteinte, reste au pinacle de l'actualité (...) *Tit-Coq,* c'est nous, c'est vous, c'est moi. On se passionne alentour, comme si le sort de chacun était en jeu, comme si nous étions liés indissolublement à sa fortune. Baptiste s'y reconnaît, s'y retrouve... [10] » Baptiste défend sa culture. Il minimise ou il tente d'expliquer la mésaventure newyorkaise. Gélinas a-t-il eu tort, aux yeux des Américains, de ne pas faire divorcer son héroïne à la fin de sa pièce ? « Si nous avions trouvé $50 000, samedi matin, la pièce était sauvée [11] », dit l'auteur à un journaliste. « Votre retour

que scrutateur, met dans le même panier infernal les « pitres » Fernandel, Maurice Chevalier et Gratien Gélinas. Un an auparavant, il avait vu dans Fridolin « un histrion égrillard, patron de notre théâtre ».

8. « Nos sentiments envers la France (ou Gratien Gélinas commenté par Edmond de Nevers) », *l'Action nationale,* vol. 45, no 9, mai 1956, p. 785-797.

9. Paris, Jouve, 1896 ; Montréal, Fides, coll. du Nénuphar, 1964.

10. Arthur Laurendeau, « Pas mort, Tit-Coq ! », *l'Action nationale,* vol. 37, no 2, février 1951, p. 152-153.

11. Cité par Pierre Daviault (« *Tit-Coq,* retour de New York », *la Nouvelle revue canadienne,* vol. 1, no 2, avril-mai 1951) qui rapporte aussi ce commentaire d'un important critique américain, Brooks Atkin-

inopiné de Broadway a pu faire croire à un demi-échec. Tout le monde sait maintenant que le baisser de rideau prématuré n'avait rien à faire avec la dimension humaine et artistique de *Tit-Coq*. Normalement vous auriez pu *durer* sur Broadway. Les réactions de la salle, à la première, étaient, à ce point de vue, concluantes », déclare quelques années plus tard le père Legault à Gélinas, qu'il accueille au sein de la Société Royale [12].

Les principales raisons des difficultés de *Tit-Coq* dans la métropole américaine semblent avoir été les suivantes : 1) espoir naïf que la pièce allait s'imposer d'elle-même ; 2) d'où une publicité insuffisante et tardive ; 3) un public mal préparé ; 4) des critiques agacés par le concert de superlatifs donné à la création montréalaise (et à la version torontoise) ; 5) le jeu du comédien Gélinas que certains trouvèrent excessif, voire cabotin ; 6) enfin, des problèmes financiers dont on ne sait trop s'il faut les placer au début ou à la fin de cette liste. Mavor Moore est revenu récemment, dans un article général, sur cette affaire : « What bothered me was not that the critics didn't take to it, nor even that they could not recognize what to me were its virtues. It was that they turned its virtues into vices. What I knew to be deadly accurate about life where I live, they assumed to be theatrically contrived (...) The next thing I noticed was that a good many Canadians believed they must be right,

---

son : « His swift departure seemed a little puzzling, for his play was superior to several other plays this season that have stood on the order of their departure from this breathless town » (p. 57).

12. *Présentation*, Société Royale du Canada, section française, no 13, 1958-1959, p. 113.

because, after all, in New York they know a theatrical contrivance when they see one ». [13]

Tout le monde est d'accord sur le métier de Gélinas, sa technique éprouvée, sur les qualités de l'interprétation (sauf celle de l'annonceur Albert Duquesne dans le rôle du Padre) et de la production. On loue l'observation des moeurs populaires, le sens du *gag,* les morceaux de bravoure (monologue de la Vieille Fille, scène du bordel, etc.). Les avis sont un peu plus partagés au sujet de la langue et du style de la pièce. Certains y trouvent trop de pittoresque, de la facilité, de la vulgarité. Le personnage de Tit-Coq émeut, convainc ; ses comparses déçoivent, surtout Marie-Ange, trop peu fouillée, inexplicablement infidèle et fidèle. Pierre Daviault va jusqu'à dire qu'« il n'y a pas de pièce », seulement « un prétexte aux évolutions de Tit-Coq, au jeu de l'acteur Fridolin [14] ». Roger Duhamel, moins « comblé » qu'au soir de la première, ne verra finalement dans *Tit-Coq* « qu'une série de tableaux empruntés directement à l'actualité [15] ». Empruntés ? Pourquoi pas volés, tant qu'à y être ! Et directement ? Par quel miracle d'enregistrement ou de transposition instantanée ? Non, *Tit-Coq* n'est pas qu'une juxtaposition de tableaux ou une revue disparate, malgré sa composition discontinue, elliptique, très favorable à l'action. *Tit-Coq* est une pièce toujours au présent.

« *Tit-Coq* » *aujourd'hui*

Tit-Coq a vieilli, *bien* vieilli, comme un meuble d'époque, rustique, authentique. On relit la pièce avec intérêt.

13. « An Approach to Our Beginnings : transplant, native plant or mutation ? », *Canadian Theatre Review,* 25, Winter 1980, p. 11.

14. Article cité, p. 59.

15. « Dans l'espoir d'un théâtre national », *L'École canadienne,* 32e année, no 7, mars 1957, p. 439.

Sans doute faut-il maintenant la resituer dans son contexte : la guerre et ses séquelles. À ce point de vue, Gratien Gélinas nous renseigne admirablement sur le climat, les sentiments, les moeurs, le langage du milieu du siècle.

> « Le public canadien-français, généralement opposé à toute participation du Canada à la guerre de 1939-1944, et surtout à la conscription, vieux souvenir laissé pour compte du conflit de 1914-1918, trouve dans *Tit-Coq* un exutoire à ses revendications, à ses espoirs déçus, aux fallacieuses promesses dont on l'a abusé, peut-être aussi à quelques-unes de ses haines. Il se venge, et comme les faibles, il se venge par le rire. Le petit soldat conscrit contre son gré en vue d'un conflit auquel il ne comprend pas grand-chose, qui se déroule à des milles et des milles des frontières de son pays, incarne pour le Canadien français moyen d'alors un symbole de résistance passive qui nous paraît aujourd'hui parfaitement désuet.[16] »

Désuet ? Les conflits localisés et datés de *Tit-Coq* ont une signification historique. On pourrait revoir la pièce à la lumière de *Québec, printemps 1918,* dramatisation de l'historien Jean Provencher. Et évidemment d'*Un simple soldat* de Dubé, dont le héros-victime a plusieurs traits de Tit-Coq : mi-orphelin, mi-révolté, etc. *Tit-Coq* a maintenant une postérité et un nouveau contexte.

Vingt ans avant Tremblay ou Germain, Gratien Gélinas a préconisé pour le Québec un théâtre « national et

---

16. Jean Hamelin, *le Renouveau du théâtre au Canada français*, Montréal, Éditions du Jour, 1961, p. 45. Cf. André Laurendeau, *la Crise de la conscription, 1942*, Montréal, Éditions du Jour, 1962.

populaire », suivant la double épithète mise à la mode par Jean Vilar en France. Prudent, habile, Gélinas prend soin de citer à l'appui de sa thèse une pléiade d'autorités : Claudel, Copeau, Ghéon, Giraudoux, Jouvet, Barrault... Il se défend de vouloir bannir les oeuvres étrangères. Il se réfère à plusieurs reprises au fameux passage de l'*Échange* sur le spectateur de théâtre qui « n'a point envie de s'en aller », avant d'établir un parallèle entre le « miroir » du théâtre autochtone (à créer) et les « portraits de la parenté », dorés et bien encadrés, qu'offre la dramaturgie étrangère ou universelle. Il faut les deux, conclut Gélinas, miroir et galerie de portraits, au théâtre comme à la maison.

Gélinas sait « transmettre de l'action par de l'immobilité » et *Tit-Coq* — la pièce autant que le rôle-titre — parle « un langage tout près du corps », remarquait le critique Ernest Gagnon. Et ce langage du corps est d'abord un langage de l'amour. Le « moulin à paroles » de Tante Clara fonctionne au rythme de sa chaise berçante ou berceuse. La mère Désilets s'exprime par les larmes (de joie), la table, la cuisine. Germaine est « de la bonne pâte », Clara « sent le vieux scapulaire ». Marie-Ange, qui *rosit* et fait attention à sa robe neuve, a le coeur chaviré par une danse. Tit-Coq et Jean-Paul se battent faute de savoir se parler : « Ah ! on s'est rarement sauté au cou... mais c'est la première fois qu'on se pète la gueule. »

Malgré les déclarations du père Désilets, joyeux fêtard (« ... nous autres, on se lèche et puis on s'embrasse la parenté comme des veaux qui se tettent les oreilles jusqu'à la quatrième génération des deux bords ! »), l'amour est plutôt un manque qu'un débordement dans *Tit-Coq*. Yves Bolduc a montré que la pièce manifestait une « vision dualiste » de l'amour : d'un côté l'idéal, passion et tendresse ; d'autre part, et sans transition, l'infidélité, la monotonie, l'usure, l'ennui : la « rose » se réveille « vieille fille ». Il y a la jeunesse, la danse, les sorties, puis brusquement le cercle étroit du foyer. Tit-Coq, étant donné sa naissance, valorise « l'amour paternel aux dépens de l'amour conjugal [17] ». Il n'est pas le seul. La famille Désilets tout entière (sauf peut-être Marie-Ange) penche de ce côté. « L'amour... l'amour ! Pour ce que ça veut dire, après tout ! Je t'assure qu'à ton âge on s'en fait ben plus qu'il y en a ! » enseigne la mère à sa fille. « Si c'était fort, l'amour, elle ne t'aurait pas oublié, elle », dira cyniquement (ou naïvement) le Padre à Tit-Coq.

« Il est amusant de constater que la première oeuvre qui exalte la famille, qui la fasse sentir et aimer chez nous soit le roman d'un bâtard », écrivait André Laurendeau [18]. Il dit bien *roman,* et non pas pièce (de théâtre), ce qui nous renvoie directement au titre de Marthe Robert, *Roman des origines et origines du roman* [19], où la psycho-critique (freudienne) analyse le phénomène romanesque occidental en le partageant entre « robinsonnades » et « donquichotteries ». Les disciples de Daniel Defoe produisent des « bâtards réalistes », entreprenants, conquérants ; les disciples de Cervantès mettent au jour des « enfants trouvés » mélancoliques, romantiques, idéalistes, fermés sur eux-mêmes. Le type du Bâtard réaliste s'engage, se mesure au monde, se cherche et se trouve des

---

17. Yves Bolduc, « Gratien Gélinas », dans *le Théâtre canadien-français*, Fides, « ALC », 5, 1976, p. 476.

18. Article cité, p. 81, note 1.

19. Paris, Gallimard, coll. « Tel », 1976.

rivaux (jusqu'à Dieu, père des pères). L'Enfant trouvé exemplaire veut créer, lui, un *autre* monde, plus imaginaire, fantaisiste, fantastique ; il n'*imite* pas Dieu (comme Balzac), il *est* Dieu (comme Novalis ou Kafka).

Tit-Coq, comme d'ailleurs la plupart des romans évoqués par Marthe Robert, oscille entre le Bâtard et l'Enfant trouvé (ou l'Orphelin). Le héros de Gélinas est tantôt attiré, fasciné par les aspects les plus « naturalistes » de la vie — la famille, l'album de photos, le langage vert, les gestes brutaux —, tantôt replié sur lui-même, boudeur, enfant ou adolescent prolongé, sentimental, défaitiste. Ce second volet est le plus discutable du personnage et de la pièce. Le langage et les gestes du héros deviennent incertains, erratiques, excessifs sans être efficaces. Tit-Coq jure, bave, bafouille, éructe (dans le visage de la prostituée ou au nez de l'aumônier) sans vraiment atteindre ses cibles. Il s'attaque et se détruit finalement lui-même, refusant son propre avenir, celui de Marie-Ange et de son fils. Sous prétexte de ne pas répéter le passé, Tit-Coq s'y enfonce. Le « miroir » de 1948 est devenu, avec le temps, portrait, fenêtre. Cette pièce « rigoureusement conçue comme une tragédie » n'est pas « une peinture d'époque sans vigueur et dépourvue de réelle cohésion dramatique [20] ». Godin me paraît plus heureux lorsqu'il remarque que l'« hostilité que Tit-Coq retourne contre lui-même fait de lui, plus qu'un personnage pathétique, un héros tragique, en même temps qu'elle exprime d'une manière bien reconnaissable la tragique alternance d'élans et d'échecs d'un peuple aux

---

20. Jean-Cléo Godin, dans Godin et Mailhot, *le Théâtre québécois*, Montréal, Hurtubise HMH, 1970, p. 37.

19

multiples soumissions [21] ». Tit-Coq n'est pas un type tout fait, il est une figure complexe, contradictoire, vivante.

Laurent Mailhot

21. *Ibid.*, p. 40. « Ce qu'on appelle le « mélodrame » et que l'on connaît si mal n'est-il pas la synthèse sans doute incertaine de la violence tragique et de la violence prolétarienne qui s'installe à cette époque dans les quartiers des grandes villes ? » (Jean Duvignaud, *le Théâtre, et après*, Tournai, Casterman, « Mutations-Orientations », 1971, p. 15).

Bibliographie [1]

I. Pièces de Gratien Gélinas

Tit-Coq, pièce en trois actes. Montréal, Beauchemin, 1950 ; 2e éd., Éditions de l'Homme, 1968. Traduction anglaise de Kenneth Johnson et Gratien Gélinas, *Tit-Coq,* Toronto, Clarke Irwin, 1967. (Créée au Monument-National le 22 mai 1948.)

Bousille et les justes, pièce en quatre actes. Québec, Institut littéraire du Québec, 1960 ; 2e éd., Montréal, Éditions de l'Homme, 1967. Traduction anglaise de Kenneth Johnson et Joffre Miville-Deschênes, *Bousille and the Just,* Toronto, Clarke Irwin, 1961. (Créée le 17 août 1959 à la Comédie-Canadienne.)

Hier, les enfants dansaient, pièce en deux parties. Montréal, Leméac, 1968 ; éd. scolaire préparée et annotée par G.A. Klinck, coll. « Français langue seconde — série théâtre », Leméac, 1972. Traduction anglaise de Mavor Moore, *Yesterday the Children Were Dancing,* Toronto, Clarke Irwin, 1967. (Créée le 11 avril 1966 à la Comédie-Canadienne.)

---

1. Pour les textes radiophoniques et de télévision de Gélinas, voir les travaux de l'équipe Pagé-Legris, particulièrement *le Comique et l'humour à la radio québécoise ; aperçus historiques et textes choisis, 1930-1970,* Éditions La Presse, 1976, p. 81-119.

II. Films [2]

La Dame aux camélias, la vraie, 1942. Production, réalisation, scénario et narration de Gratien Gélinas. 25 min. 35 sec.
Le Flop populaire, 1943. Production et réalisation de Gratien Gélinas. Très court métrage.
Le Retour du conscrit, 1944. Production et réalisation de Gratien Gélinas. Très court métrage.
Fridolin. Regroupement des trois courts métrages précédents.
Tit-Coq, 1953. Production et scénario de Gratien Gélinas. Réalisation de Gratien Gélinas et R. Delacroix. 104 min.

III. Articles de Gratien Gélinas sur le théâtre

« Pour une littérature théâtrale », *la Nouvelle Relève*, 6, 1, décembre 1947, p. 17-22.
« Pour un théâtre national et populaire », *Amérique française*, 7, 3, mars 1949, p. 32-42.
« Réponse de M. Gratien Gélinas, M.S.R.C. », dans *Présentation*, Société Royale du Canada, section française, no 13, 1958-1959, p. 119-127.
« Theater in Canada. Credo of the Comédie-Canadienne », *Queen's Quarterly*, 66, 1, printemps 1959, p. 18-25.
« Jeune auteur, mon camarade », *la Revue dominicaine*, 65, 2, novembre 1960, p. 216-225.
« Témoignage », dans *le Théâtre canadien-français*, « ALC » 5, Montréal, Fides, 1976, p. 724-725.

---

2. *Fridolinons 1945* est filmé par l'O.N.F. pour les troupes canadiennes outre-mer. Comme on se sert du film *from coast to coast*, Gélinas le fait retirer de la circulation.

IV. Choix d'études ou de comptes rendus sur *Tit-Coq* et le théâtre de Gélinas

Berthiaume, Pierre, « L'idéologie de *Tit-Coq* de Gratien Gélinas », *Cahiers de L'I.S.S.H.* (Québec, Université Laval, Institut supérieur des sciences humaines), coll. « Études sur le Québec », no 5, août 1976, p. 67-90.

Bolduc, Yves, « Gratien Gélinas », dans *le Théâtre canadien-français*, « ALC » 5, Montréal, Fides, 1976, p. 475-482. *Cahiers de la N.C.T. (Les)*, 10, 1, octobre 1975.

Dassylva, Martial, « Gratien Gélinas : — Tout ce qui nous touche d'un peu près, on taxe ça de mélodrame », *la Presse*, 9 avril 1966, p. 11.

Daviault, Pierre, « *Tit-Coq*, retour de New York », *la Nouvelle Revue canadienne*, 1, 2, avril-mai 1951, p. 57-61.

De Grandpré, Pierre, « Nos sentiments envers la France (ou Gratien Gélinas commenté par Edmond de Nevers) », *l'Action nationale*, 45, 9, mai 1956, p. 785-797.

Godin, Jean-Cléo, « Orphelins ou bâtards : Fridolin, Tit-Coq, Bousille », dans J.-Cl. Godin et L. Mailhot, *le Théâtre québécois*, Montréal, Hurtubise HMH, 1970, p. 29-43.

Hamelin, Jean, *le Renouveau du théâtre au Canada français*, Montréal, Éditions du Jour, 1961 : « Vers une dramaturgie canadienne : de *Tit-Coq* à *Brutus* », p. 42-47.

Julien, Bernard, « *Tit-Coq* et Antony. Analogie des structures, des personnages et des destins », dans *Mélanges de civilisation canadienne-française offerts au professeur Paul Wyczynski*, Ed. de l'Université d'Ottawa, 1977, p. 121-136.

Laurendeau, André, « *Tit-Coq* devenu livre », *l'Action nationale*, 36, 1, septembre 1950, p. 77-83.

Laurent, Édouard, «Tit-Coq, un conscrit qui passera à l'histoire », *Culture*, 9, 4, décembre 1948, p. 378-383 ; repris dans *le Digeste français*, 10e année, 20, 114, mars 1949, p. 19-26.

Legault, Émile, C.S.C., « Présentation de M. Gratien Gélinas... », dans *Présentation,* Société Royale du Canada, section française, no 13, 1958-1959, p. 111-118.

Primeau, Marguertie-A., « Gratien Gélinas et le théâtre populaire au Canada français », *Canadian Literature,* no 4, printemps 1960, p. 31-39.

Scully, Robert-Guy, « Un homme de théâtre complet », *le
Devoir,* 19 avril 1975, p. 13.

PERSONNAGES

(par ordre d'entrée en scène.)

LE COMMANDANT	George Alexander
LE PADRE	Albert Duquesne
JEAN-PAUL	Clément Latour
TIT-COQ	Gratien Gélinas
LE PÈRE DESILETS	Fred Barry
LA MÈRE DESILETS	Amanda Alarie
MARIE-ANGE	Muriel Guilbault
LA TANTE CLARA	Juliette Béliveau
GERMAINE	Juliette Huot
ROSIE	Mary Barclay

TIT-COQ *a été joué pour la première fois le 22 mai 1948 sur la scène du Monument National, à Montréal, dans des décors de Jacques Pelletier, des costumes de Laure Cabana et d'après une mise en scène de l'auteur en collaboration avec Fred Barry. Après la relâche d'été, la pièce continua sa carrière au Théâtre du Gesù, où la 200e représentation fut donnée le 22 mai 1949.*

TABLEAUX

PREMIER ACTE

TABLEAU I — Le bureau du Padre, dans un camp militaire, près de Montréal. *Décembre 1942.*

TABLEAU II — Le salon des Desilets, dans le village de Saint-Anicet, province de Québec. *Deux jours plus tard.*

TABLEAU III — Chez le Padre. *Cinq jours après.*

TABLEAU IV — L'entrée de la maison où habitent Marie-Ange et Germaine, à Montréal. *La semaine suivante.*

TABLEAU V — L'appartement des deux jeunes filles. *Quatre mois plus tard.*

DEUXIÈME ACTE

TABLEAU I — A bord d'un transport de troupes. *Juin 1943.*

TABLEAU II — Chez Marie-Ange. *Novembre 1944.*

TABLEAU III — Dans un hôpital militaire, en Angleterre. *Le mois suivant.*

TABLEAU IV — Chez Marie-Ange. *Quelques semaines plus tard.*

TABLEAU V — Dans un camp de rapatriement, en Angleterre. *Six mois après.*

TABLEAU VI — Dans une taverne des environs. *Quelques minutes plus tard.*

TROISIÈME ACTE

TABLEAU I — A la porte, chez Germaine. *Septembre 1945.*

TABLEAU II — La chambre de Germaine. *Le lendemain soir.*

PREMIER ACTE

TABLEAU I

LA CHAMBRE DU PADRE, *au camp militaire. Table de l'armée, chaises pliantes, bibliothèque de fortune chargée de livres et de revues, carte géographique au mur, etc.*

(*Le* COMMANDANT *et le* PADRE *terminent une discussion amicale.*)

LE COMMANDANT

Bon ! Puisque vous insistez, je tombe dans le panneau ; mais ce que vous demandez là, Padre, ce n'est pas régulier, vous savez. (*Il décroche le récepteur d'un téléphone placé sur le bureau du* PADRE *et presse un bouton.*)

LE PADRE

Vous devriez me remercier : je vous donne la chance d'accomplir une bonne action.

LE COMMANDANT

(*Grognon.*) Bonne action, bonne action... (*Au téléphone.*) Allô, sergent. Envoyez-moi chez le Padre les deux

31

gars aux arrêts qui attendent à la porte de mon bureau.
Tout de suite, hein ?... Merci. (*Il raccroche.*) À titre de
commandant, je dois corriger les hommes qui font un
mauvais coup, non pas les aider à se tirer d'affaire.

LE PADRE

Enfin, tout ce que je vous demande, c'est de les entendre ici. Si vous le jugez à propos, vous les punirez ensuite
à votre aise.

LE COMMANDANT

A chacun son métier. Vous, au confessionnal, vous
êtes libre d'imposer la pénitence qui vous passe par la
tête. Mais moi, pour maintenir la discipline, je n'irais
pas loin avec trois dizaines de chapelet.

(*On frappe à la porte.*)

LE COMMANDANT

Entrez !

(JEAN-PAUL *et* TIT-COQ *entrent, saluent et se tiennent au garde-à-vous.*)

LE COMMANDANT

Repos ! (*Les deux soldats obéissent.*) Mes amis, un
rapport de la prévôté m'apprend votre exploit d'hier
soir. Si l'incident s'était passé à la caserne, je fermerais
peut-être les yeux. Mais vous vous êtes battus en public
dans un café de la ville. Les civils pourraient en déduire

que vous êtes dans l'armée pour vous frotter les oreilles entre copains. Comme c'est après-demain Noël et qu'il s'agit de votre première offense, je veux bien entendre votre version avant de sévir. Vous devriez comparaître dans mon bureau, vous le savez ; mais le Padre m'a presque supplié de vous voir ici, chez lui. L'un de vous deux, m'assure-t-il, est venu lui raconter l'aventure en rentrant hier soir... (TIT-COQ *lance à* JEAN-PAUL *mal à l'aise un regard étonné.*) et votre mauvaise conduite présenterait des circonstances atténuantes... réclamant une certaine discrétion. Tout ça, c'est du mystère pour moi et j'ai hâte d'en connaître plus long. Si vous avez quelque confidence à me faire, allez-y : c'est le moment. (*Trois secondes d'embarras.*) Qui a commencé la bataille ?

TIT-COQ

(*Alors que* JEAN-PAUL *cherche encore ses mots.*) Si c'est ça que vous voulez savoir, c'est moi qui ai fessé le premier.

LE COMMANDANT

Mais... comment en êtes-vous arrivés là ?

TIT-COQ

(*Désignant* JEAN-PAUL.) Il est déjà venu se lamenter au Padre hier soir ; il peut continuer.

JEAN-PAUL

C'était pas l'idée de me lamenter.

TIT-COQ

Seulement, donnez-y le temps : il est pas vite.

LE COMMANDANT

Écoutez, mes vieux, ne recommencez pas à vous cha-
mailler, hein ?

JEAN-PAUL

(*Laborieusement.*) Ben... on était partis ensemble du
camp pour aller faire un tour en ville après souper. Il
dit : « Viens-tu prendre un coup au Monaco ? » Je dis :
« D'accord ! » En chemin, il entre dans un restaurant
marchander un porte-cigarettes qui l'avait frappé dans
la vitrine ; moi, pendant ce temps-là, je me flirte une
fille sur le trottoir. Ça fait qu'on s'installe au Monaco...

LE COMMANDANT

Tous les trois ?

JEAN-PAUL

Oui. Je paye quatre, cinq consommations à ma... (*Il
hésite.*)

TIT-COQ

(*Entre ses dents.*) ...fiancée.

JEAN-PAUL

...à ma fille, de ma propre poche. Tout d'un coup, il
commence à lui tourner autour. Et, la première chose que

je sais, je suis assis devant eux autres et je les regarde se jouer dans les cheveux. Je lui dis de cesser ça, mais il fait ni un ni deux, il saute sur moi et se met à me cogner la gueule.

LE COMMANDANT

(*A* TIT-COQ.) C'est vrai ?

TIT-COQ

Cent pour cent !

LE COMMANDANT

Après tout, c'était sa... conquête à lui.

TIT-COQ

Ah ! c'est pas qu'elle m'affolait, elle, mais je dois vous dire qu'il est ben drôle à voir, lui, en train d'embobiner une fille : il a tellement peu le tour que c'en est choquant. Ça fait que... j'ai été tenté de...

LE COMMANDANT

...de lui montrer comment s'y prendre ?

TIT-COQ

Oui... mais il faut croire que ça lui a déplu.

JEAN-PAUL

(*Digne.*) C'était pas le moment !

LE COMMANDANT

Et vous lui avez donné des coups quand il vous a fait comprendre que... ce n'était pas le moment?

TIT-COQ

Tout juste! Seulement, il oublie de vous dire comment il me l'a fait comprendre. (*A* JEAN-PAUL.) Répète-le donc, qu'on s'amuse. (*Devant son mutisme.*) Envoye, envoye : je vas t'en laisser la jouissance.

JEAN-PAUL

(*Penaud.*) Je lui ai dit : « Ote-toi de dans ma talle, petit maudit bâtard! »

LE COMMANDANT

Oui. En somme, vous avez eu tort tous les deux... (*A* TIT-COQ.) vous, de frapper... (*A* JEAN-JAUL.) et vous, d'employer ce terme-là, qui insultait non seulement votre copain, mais ses parents. Avant de lancer une telle injure, il vaut toujours mieux y regarder à deux fois.

TIT-COQ

Surtout quand celui qui la reçoit en est un pour vrai.

LE COMMANDANT

(*Surpris.*) Un quoi?

TIT-COQ

Un bâtard, oui ! C'est bête, mais c'est comme ça. Cent pour cent. Né à la crèche, de mère inconnue et de père du même poil ! Élevé à l'hospice jusqu'à ce que je m'en sauve à l'âge de quinze ans. Je m'appelle Arthur Saint-Jean. Le prénom, je me demande où les sœurs l'ont pêché, mais « Saint-Jean » vient du fait que j'ai été baptisé le jour de la Saint-Jean-Baptiste. Oui, je suis un enfant de l'amour, comme on dit. Un petit maudit bâtard, si monsieur préfère. Seulement, vu que c'est bien peu de ma faute, y a pas un enfant de chienne qui va me jeter ça à la face sans recevoir mon poing à la même place !

LE COMMANDANT

(*A* JEAN-PAUL.) Vous le saviez, vous ?

JEAN-PAUL

Qu'il en est un ? Pas le moins du monde ! C'est ce que j'ai essayé de lui expliquer hier, mais il parlait et puis il cognait, pas moyen de placer un mot. Moi, ma grand-conscience, j'ai dit ça tout bonnement. Comme toujours, quand je suis monté contre quelqu'un.

TIT-COQ

Ça prouve que t'es un imbécile !

LE COMMANDANT

(*A* TIT-COQ.) Il vous a offensé, je l'admets, mais

vous avez peut-être été un peu prompt à vous servir de vos poings, vous.

TIT-COQ

Ben, voyez-vous, j'ai appris jeune à régler mes comptes moi-même. Les histoires de « je vas le dire à ma mère », avec moi, ça mène pas loin.

LE COMMANDANT

Il résulte de tout ça que vous avez échangé des coups en public. Vous savez la punition pour un délit de cette nature ? Une semaine de consigne. Ce qui signifie, pour vous deux, le congé de Noël au camp. C'est dommage !

TIT-COQ

Ah oui, c'est ben dommage ! Quoique moi, personnellement, je m'en sacre. Mieux que ça : si vous voulez le savoir, ce congé-là, j'aime autant le passer à la caserne.

LE COMMANDANT
(*Incrédule.*) Vraiment ?

TIT-COQ

Ah, sans blague ! Comme j'ai ni père, ni mère, ni oncles, ni tantes, ni cousins, ni cousines... connus, manquer une réunion de parents, moi, ça me laisse froid.

A C T E   I

LE COMMANDANT

(*Un peu décontenancé.*) Évidemment...

TIT-COQ

Les Fêtes, c'est peut-être ben emballant pour vous autres, les légitimes : ça vous donne l'occasion de vous prendre en pain et de vous caresser d'un bout à l'autre de la province ; mais, pour les gars de ma sorte, c'est plutôt tranquille. On est pas mal tout seuls au coin de la rue, étant donné qu'à Noël, même les guidounes* vont dans leurs familles.

LE COMMANDANT

De toute façon, que comptiez-vous faire demain soir ?

TIT-COQ

Moi, d'habitude, je vas à la messe de minuit dans quelque chapelle pas chère. Ensuite j'entre chez le Grec du coin et j'assois ma parenté au grand complet, moi compris, sur un seul et même tabouret. Une fois le cure-dent dans la bouche, vers deux heures et demie, je vas m'étendre sur la couchette... et ça finit les réjouissances des Fêtes.

LE COMMANDANT

Pour en revenir à la punition... (*Il hésite, embarrassé.*)

* Racoleuses

39

TIT-COQ

(*Amer.*) En ce qui me concerne, soyez ben à l'aise :
si votre conscience vous dit de me punir parce que j'ai donné un coup de poing à monsieur... parce qu'il m'avait traité
de bâtard... parce que j'avais pincé la cuisse à sa blonde
— qui était peut-être, sait-on jamais, une fille à tout le
monde — allez-y, et sans rancune aucune ! (*Crânant.*)
On peut fumer ici ? (*Sur un geste négatif du* PADRE, *il
remet son paquet de cigarettes dans sa poche.*) Bon !
Du moment qu'on me respecte, moi, je comprends le
bon sens.

LE COMMANDANT

(*A* JEAN-PAUL.) Vous aussi, ça vous amuserait de
passer votre congé au camp ?

JEAN-PAUL

(*Misérable.*) Ben, voyez-vous... c'est probablement
notre dernier Noël avant de traverser là-bas. Toute la
famille va se réunir, sans compter que...

TIT-COQ

Que voulez-vous ? C'est pas donné à tout le monde
d'être bâtard !

LE COMMANDANT

(*Perplexe.*) Oui...

A C T E   I

TIT-COQ

Tenez, faites donc une chose : lui, ça l'embête ; moi, ça m'est égal ; et après tout c'est moi qui ai commencé la chicane. Alors laissez-le donc aller, lui, donnez-moi les deux punitions bout à bout et fourrez-moi dedans jusqu'aux Rois !

LE COMMANDANT

Non. Vous êtes à blâmer tous les deux ; si j'en punis un, il m'est impossible d'excuser l'autre.

JEAN-PAUL

Écoutez, monsieur : moi, au fond, je regrette ce que je lui ai dit. Encore une fois, je voulais pas l'insulter. Mais j'étais un peu éméché, et puis...

LE COMMANDANT

Jusque là, vous étiez de bons amis ?

TIT-COQ

Ah ! on s'est rarement sauté au cou...

JEAN-PAUL

...mais c'est la première fois qu'on se pète la gueule.

LE PADRE

(*Qui s'est gardé d'intervenir jusqu'ici.*) Commandant, si celui qui a une famille avait la bonne idée d'inviter l'autre chez lui pour le congé des Fêtes, pourriez-vous accorder un sursis ?

JEAN-PAUL

(*Tout heureux.*) Ah ! moi, je suis prêt à l'emmener. Et il serait ben reçu à la maison !

LE COMMANDANT

Devant une telle preuve de bonne volonté, oui, je passerais peut-être l'éponge. (*A* TIT-COQ.) Qu'est-ce que vous en dites, vous ?

TIT-COQ

(*Un peu troublé tout de même.*) J'en dis que j'ai l'air bête. (*Désignant* JEAN-PAUL.) Hier encore je lui cognais la fiole, et v'là qu'il m'invite à aller salir la vaisselle de sa mère !

JEAN-PAUL

Bah ! c'est oublié, ça.

TIT-COQ

(*A* JEAN-PAUL.) Il faudrait coucher chez vous, je suppose ?

JEAN-PAUL

Ben sûr ! Saint-Anicet, c'est à soixante-trois milles d'ici.

A C T E   I

TIT-COQ

Moi, ça me gêne, ces affaires-là ! Les réunions de famille, j'en ai vu autant que de revenants. Ça fait que l'étiquette et les bonnes manières, moi...

JEAN-PAUL

(*A* TIT-COQ.) Ah ben ! tu sais, les bonnes manières, dans la famille chez nous, on les a loin.

LE COMMANDANT

Allons, acceptez donc, qu'on en finisse ! Au lieu de vous garder rancune, vous apprendrez à mieux vous connaître. Et des amis, une fois outre-mer, vous n'en aurez jamais trop. (*Se levant, catégorique.*) Bon ! le cas est réglé.

JEAN-PAUL

(*Pendant que le* COMMANDANT *se dirige vers la porte.*) Merci, monsieur !

LE COMMANDANT

Ce n'est pas moi qu'il faut remercier, c'est le Padre... (*Avant de disparaître.*) qui a mis son nez dans mes affaires encore une fois.

JEAN-PAUL

Je vous remercie ben gros, Padre ! (*Il sort, comblé.*)

43

LE PADRE

(*Souriant, à* TIT-COQ.) Et toi ?

TIT-COQ

(*Rétif.*) Je vous dirai ça quand je reviendrai. (*Il passe la porte.*)

R I D E A U

TABLEAU II

LE SALON DES DESILETS, *meublé selon le goût et les moyens d'un couple d'ouvriers, en ménage depuis une trentaine d'années dans le village de Saint-Anicet : murs de planches à rainure décorés de portraits de famille ; ancien mobilier au capitonnage piqué de petits tricots ; tapis tressé ; étagère chargée de bibelots, de souvenirs, etc.*

A droite dans le pan du fond, monte un escalier tournant, aux marches recouvertes de catalogne. Dans le pan droit, la sortie du salon, large et ornée de cannelures, donne sur un corridor invisible qui va de l'entrée à la cuisine. Dans le pan gauche, la porte d'une chambre. Quelques décorations de Noël donnent à toute la pièce un petit air de fête et de bienvenue.

(*La scène est vide. On entend frapper violemment le marteau de la porte d'entrée, qui s'ouvre dans la coulisse.*)

JEAN-PAUL

(*Paraît à droite, son sac sur l'épaule.*) M'man ! (*Il court jeter un coup d'œil dans la cuisine.*) M'man !

45

LE PÈRE

(*Descend l'escalier, sa chemise à la main.*) Ah ben, morsac! (*Il crie vers la droite.*) Rose-Anna, les v'là!

JEAN-PAUL

Bonsoir, p'pa!

LE PÈRE

Allô, Jean-Paul! (*Ils tombent dans les bras l'un de l'autre.*)

JEAN-PAUL

(*Pendant que la* MÈRE *sort de la chambre.*) Allô, m'man! (*Il court l'embrasser.*)

LE PÈRE

(*A la* MÈRE.) Je te disais ben qu'ils rebondiraient à soir.

JEAN-PAUL

(*A* TIT-COQ, *qui a paru dans l'entrée du salon, timide, son képi et son sac à la main.*) Approche, toi! (*Il va le prendre par l'épaule.*) Tit-Coq, je te présente mon père et ma mère. (*Au* PÈRE.) C'est mon ami, Arthur Saint-Jean.

LE PÈRE

(*Donnant la main à* TIT-COQ.) Bonsoir, monsieur Saint-Jean! Enchanté de faire votre connaissance.

A C T E I

JEAN-PAUL

M'man, je vous présente... (*Voyant qu'elle essuie une larme.*) Ben, voyons donc ! C'est pas le temps de pleurer : on part pas, on arrive.

LA MÈRE

Je le sais, mais c'est plus fort que moi.

LE PÈRE

(*A* TIT-COQ.) C'est toujours la même chanson : si la chatte va faire un tour dans la ruelle, la mère chiale en lui revoyant le bout de la queue !

LA MÈRE

(*Le nez dans son tablier, à* TIT-COQ.) Excusez-moi, monsieur... qui, donc ?

JEAN-PAUL

Son nom, c'est Arthur Saint-Jean ; mais, au camp, tous les gars l'appellent Tit-Coq... parce qu'il est doux comme un agneau.

LE PÈRE

Eh ben, décapotez-vous ! (*A* TIT-COQ, *pendant que les visiteurs s'exécutent.*) Il devait y avoir un monde fou dans le train ?

TIT-COQ

(*Timide.*) Ah ! oui...

JEAN-PAUL

On a été debout jusqu'à Valleyfield. Avec ça qu'on est partis une heure et demie en retard.

LA MÈRE

(*Qui a repris son entrain.*) On avait fini de vous attendre pour le souper. J'ai dit à ton père : « Ils ont dû prendre l'express de sept heures et vingt. »

LE PÈRE

V'là pourquoi vous me pincez les culottes à terre !

JEAN-PAUL

En tout cas, on est contents d'être là, hein, Tit-Coq ?

TIT-COQ

Ah ! oui...

LE PÈRE

Donnez vos effets : je vas aller vous les accrocher.

JEAN-PAUL

Laissez donc faire : je connais la place.

LE PÈRE

P'en tout' ! T'es de la visite, toi aussi. (*Il sort un instant suspendre les paletots dans le corridor.*)

A C T E I

LA MÈRE

Prenez donc un siège, monsieur Saint-Jean. Eh bien !
je vous dis que ça nous fait plaisir de vous voir dans
la maison, tous les deux.

LE PÈRE

(*A* TIT-COQ.) On était ben fiers, à matin, quand on
a reçu la lettre de Jean-Paul nous disant qu'il vous amenait avec lui.

LA MÈRE

(*Qui s'est assise devant* TIT-COQ.) Comme de raison,
vous seriez mieux parmi les vôtres. On va faire notre
possible pour les remplacer, mais je suis bien sûre qu'ils
vont vous manquer !

TIT-COQ

(*Tousse pour cacher son embarras.*)

LE PÈRE

(*A* TIT-COQ.) Vous seriez pas parent avec des nom-
més Saint-Jean de par icitte, vous ?

TIT-COQ

(*Misérable.*) Ah ! non...

LA MÈRE

Votre famille doit habiter loin sans bon sens, si vous
pouvez pas...

JEAN-PAUL

(*Venant au secours de* TIT-COQ.) Euh... Tit-Coq est orphelin, m'man.

LA MÈRE

(*A* TIT-COQ.) Pas orphelin de père et de mère ?

TIT-COQ

(*Balbutie un vague acquiescement.*)

LA MÈRE

Pauvre petit gars, si c'est triste ! (*Attendrie jusqu'aux larmes.*) Vous pouvez être certain qu'on va avoir soin de vous comme si vous étiez à nous autres.

LE PÈRE

(*Pour dissiper le malaise.*)   Dis donc, Jean-Paul : Marie-Ange et ta tante Clara étaient pas dans le train avec vous deux ?

JEAN-PAUL

Non. J'ai appelé Marie-Ange, à midi : Léopold Vermette a offert de les amener en auto avec sa sœur. Ils sont partis à trois heures ; ils devraient être ici dans la minute.

LE PÈRE

Eh ben ! moi, avant que le reste de la visite nous tombe dessus, je vas aller passer ma chemise. Ensuite on boira un bon petit coup pour célébrer votre arrivée. (*Il entre dans la chambre.*)

JEAN-PAUL

Moi, je fais le tour de la maison ! (*Il disparaît à droite.*)

LA MÈRE

(*Fait la conversation à* TIT-COQ, *qui l'écoute les oreilles rouges.*) On parlait de ma belle-sœur et de la plus jeune de mes filles. Elles s'en viennent pour les Fêtes, avec un garçon du village qui travaille là-bas, lui aussi. Marie-Ange, c'est la chouette à son père ; depuis le mois de septembre qu'elle est partie, il a ben hâte de la voir lui sauter dans les bras. A vrai dire, ça nous a coûté gros de la laisser aller ! Elle est notre bébé, vous comprenez. Seulement la paye est si bonne à la ville par le temps qui court ! Et, dans les environs, l'ouvrage est plutôt rare pour une enfant de son âge. Pas qu'on s'inquiète de sa conduite loin de nous autres ; je le dis, même si elle est à moi : Marie-Ange, c'est une fille à sa place. Le jeune Vermette qui la ramène, je pense qu'il aurait ben le goût de la fréquenter ; mais la petite veut pas, elle, sous prétexte qu'elle a le temps pour ces folies-là !

JEAN-PAUL

(*Venant de la cuisine.*) M'man, où est-ce qu'est le chien, donc ?

TIT-COQ

LA MÈRE

Sais-tu, Fred a arrêté en passant tantôt : ils ont dû repartir l'un derrière l'autre, comme d'habitude. (*A* TIT-COQ, *pendant que* JEAN-PAUL *va fureter en haut.*) Fred, c'est mon aîné, qui est forgeron à l'autre bout du village. Ça se pourrait qu'il vienne faire un bout de veillée avec sa femme, avant la messe de minuit. Ensuite, il y a ma fille Claudia et son mari, qui vont ressourdre demain matin d'Arvida. (*Avec une pointe de vanité.*) Lui, il est contremaître à la Anglo Mine... Ils amènent leur petit, figurez-vous ! Elle voulait le laisser à la maison : « Pauvre mère », comme elle m'écrivait, « ça va être bien trop de tracas pour vous ! » Mais je lui ai répondu : « Arrive avec ! Si ça continue, Jésus-Marie ! cet enfant-là sera grand et on le connaîtra à peine. »

LE PÈRE

(*Sort de la chambre en boutonnant son gilet.*) Elle est encore en train de vanter ses enfants ! (*A* TIT-COQ.) Écoutez-la pas : elle va en avoir pour la semaine. Pas de danger qu'elle parle de son mari, par exemple !

(*Coups de trompe d'automobile à l'extérieur.*)

JEAN-PAUL

(*Descend l'escalier.*) Les v'là ! (*Il court vers l'entrée.*)

52

LE PADRE: "Si celui qui a une famille avait la bonne idée d'inviter l'autre..." (*Acte I, 1er tableau*)

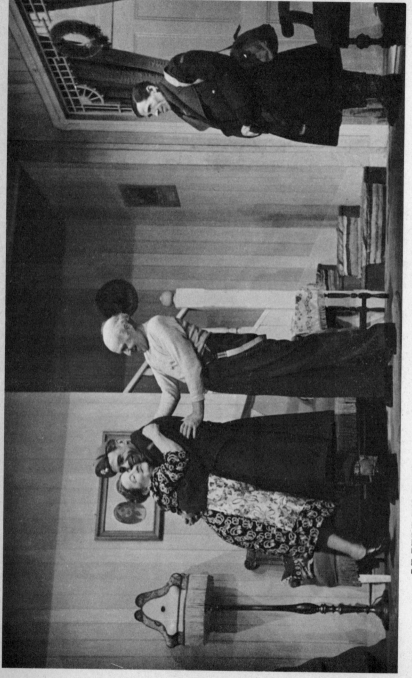

LE PERE DESILETS: "Je te disais ben qu'ils rebondiraient à soir!" (*Acte I, 2e tableau*)

A C T E   I

MARIE-ANGE

(*Entre en coup de vent.*) Bonjour, tout le monde !

LE PÈRE

Arrive icitte, qu'on t'embrasse !

MARIE-ANGE

Allô, papa ! (*Elle se jette dans ses bras.*)

LE PÈRE

Sacrée belle fille ! T'as ben les joues froides !

MARIE-ANGE

(*Qui pétille de joie.*) Il faisait frisquet en auto. Bonjour, maman ! (*Elle l'embrasse.*)

LA MÈRE

Vous avez fait un bon voyage ?

MARIE-ANGE

Ç'a bien été jusqu'à Saint-André ; mais, rendu là, Léopold a été obligé de mettre les chaînes, à cause de la neige. (*Elle enlève son manteau : petit gilet de tricot par-dessus sa robe neuve.*)

LA MÈRE

T'avais tes caleçons de laine, j'espère ?

MARIE-ANGE

(*Rosissant.*) Bien sûr !

LE PÈRE

Où est ta tante ?

MARIE-ANGE

En train de remercier Léopold Vermette, presque à genoux dans la rue... Depuis le départ qu'elle parle de reconnaissance !

LA MÈRE

Tu lui as pas offert d'entrer un peu, à lui ?

MARIE-ANGE

Il dit qu'il n'a pas le temps : il veut être à la maison pour le souper.

LA TANTE

(*Entre à droite, emmitouflée solidement.*)

LA MÈRE

Allô, Clara ! Comment ça va ?

LA TANTE

J'ai les pieds gelés jusqu'au nombril ! Mon Dieu ! me v'là ici avec mes claques ; des plans pour tout salir. (*Elle retourne vers l'entrée, où elle enlèvera ses caoutchoucs.*)

A C T E I

LA MÈRE

(*La suivant.*) Ah! laisse donc faire. Le plancher est loin d'être net... (*Elle disparaît à la suite de la* TANTE. *On les entendra caqueter.*)

LE PÈRE

(*Présente* MARIE-ANGE *à* TIT-COQ, *qui s'était retiré à l'écart.*) Marie-Ange, je pense que tu connais tout le monde ici-dedans, excepté monsieur Saint-Jean, alias Tit-Coq, qui vient d'arriver avec Jean-Paul.

MARIE-ANGE

(*A* TIT-COQ.) Bonjour, monsieur. Alors vous venez passer les Fêtes avec nous autres?

TIT-COQ

(*Timide.*) Eh! oui...

MARIE-ANGE

Préparez-vous : vous allez avoir du plaisir. (*Aux anges.*) Ah! moi, j'avais tellement hâte à aujourd'hui : j'en rêve depuis trois semaines! (*Elle monte l'escalier avec son manteau.*)

LE PÈRE

(*Lui donnant une tape sur les fesses.*) Moi, j'avais pas hâte, p'en tout'! (*Prenant* TIT-COQ *par l'épaule, comme la* TANTE *vient d'entrer.*) A c'tte heure, tiens

57

ton courage à deux mains : je te présente ma sœur !
(*Il l'amène devant elle.*) Clara, v'là monsieur Saint-Jean.

LA TANTE

Enchantée, monsieur.

LE PÈRE

(*Taquin, à* TIT-COQ.) Elle, c'est une Enfant de Marie enragée ! Elle prétend travailler à la ville dans la couture ; mais ça, c'est peut-être rien qu'une couverture pour cacher sa vraie occupation... T'es assez grand pour comprendre ? Comme je suis le plus vieux de la famille, elle vient s'engraisser à mes dépens à tous les Jours de l'An.

LA TANTE

(*A* TIT-COQ.) Faut pas l'écouter. Il a déjà dû commencer à baptiser son petit whisky blanc.

LE PÈRE

Morsac ! ça me fait penser qu'il faudrait ben prendre un coup. (*A* TIT-COQ, *en désignant la* TANTE.) Tu vas la voir, elle, plonger dans le vin de messe ! (*Il sort vers la cuisine.*)

LA MÈRE

(*Descend l'escalier, suivie de* MARIE-ANGE. *Elle est allée porter les effets de la* TANTE *à l'étage supérieur.*) Il est toujours aussi étrivant, lui, tu sais.

LA TANTE

Parle-m'en pas ! Je crois même qu'il est plus fou que jamais.

JEAN-PAUL

(*Entrant, une mallette à chaque main.*) M'man, où est-ce que je mets les valises de la visite rare ?

LA MÈRE

Dépose-les tout de suite en haut. Et monte donc aussi les affaires de monsieur Saint-Jean. Vous coucherez tous les deux dans la chambre des petits gars. (*A* TIT-COQ, *pendant que* JEAN-PAUL *monte.*) Vous allez avoir le lit de mon garçon Rodolphe, avant qu'il se marie.

LE PÈRE

(*Est revenu avec des verres qu'il a déposés sur la table.*) Ben oui ! Notre garçon Rodolphe, depuis le matin de ses noces, il découche sans bon sens.

LA MÈRE

(*A la* TANTE.) Toi, Clara...

LA TANTE

Je suppose que je vais m'installer dans la chambre des petites filles, comme d'habitude ?

LA MÈRE

C'est ça. Seulement je me demande si tous les lits sont propres.

LA TANTE

Laisse faire : je vais y voir. (*Elle monte.*)

LA MÈRE

(*Bien assise sur son derrière.*) Les draps sont dans l'armoire en haut de l'escalier.

MARIE-ANGE

(*Revenant de la cuisine, un « beigne » à la main.*) Maman, vous avez changé les rideaux dans la cuisine ?

LA MÈRE

Il était temps. D'autant plus que ça fera du neuf dans la maison pour les Fêtes. (*Elle crie vers l'escalier.*) Clara, ouvre donc la chambre de la visite pour qu'elle se réchauffe avant que Claudia arrive demain.

MARIE-ANGE

Non ! Ils vont venir ?

LA MÈRE

En oui, figure-toi ! Elle m'a écrit qu'ils seront ici demain matin.

MARIE-ANGE

Avec Jacquot ?

LE PÈRE

(*Servant les consommations.*) Ils amènent le petit, oui, pour qu'on en mange un morceau.

ACTE I

MARIE-ANGE

Cher beau chou, va ! que j'ai hâte de le voir ! Je lui ai acheté le plus joli petit chandail en laine angora...

LE PÈRE

(*A* JEAN-PAUL, *qui allait remonter avec son sac et celui de* TIT-COQ.) Jean-Paul, lâche l'ouvrage une minute et viens trinquer avec nous autres. (*Il lui donne un petit verre de whisky, ainsi qu'à* TIT-COQ.) A votre santé !

JEAN-PAUL

A la vôtre !

TIT-COQ

(*Timide.*) A la vôtre...

LE PÈRE

C'est le temps des Fêtes : on n'a plus besoin de se cacher pour prendre un coup ! (*Ils boivent.*) Bon ! A c'tte heure, la mère, arrête d'engraisser et sers-nous à souper, parce que moi, j'ai le ventre creux.

LA MÈRE

(*Se lève et se dirige vers la cuisine.*) Ça va se faire vite : tout est prêt.

MARIE-ANGE

(*Prenant sa mère par le bras.*) J'y vais avec vous.

LA MÈRE

Prends garde de salir ta robe neuve. Tu comprends, dans la cuisine aujourd'hui... (*Elles sortent à droite, pendant que* JEAN-PAUL *remonte avec les sacs.*)

LE PÈRE

(*Resté seul avec* TIT-COQ, *il le prend par l'épaule.*) Écoute, mon garçon : t'as pas parlé ben gros depuis ton arrivée : « Ah ! oui... Ah ! non... » Je comprends qu'on est des inconnus pour toi, mais il faut que tu te dégèles au plus vite, hein ? Si tu passes cinq jours les fesses serrées comme ça, tu vas être malade ! Pour commencer, les histoires de « monsieur Saint-Jean » long comme le bras, c'est fini ; on t'appelle « Tit-Coq » nous autres aussi. Et tu vas voir qu'on n'est pas du monde gênant. D'abord, on n'est pas riches, ni supérieurement intelligents ; on est tout juste une famille d'ouvriers dans le village de Saint-Anicet. La « snoberie », prends ma parole, on connaît pas ça ici-dedans ! Tiens, pour te mettre à l'aise tout de suite : au cas où tu aurais affaire là un de ces jours... (*Il la lui indique du doigt.*) ...c'est la deuxième porte à gauche en haut de l'escalier.

A part ça, on sait qu'on vaut pas cher, mais on s'aime ben quand même, tous ensemble. Ça fait que je t'avertis : dans le temps des Fêtes, nous autres, on se lèche et puis on s'embrasse la parenté comme des veaux qui se tettent les oreilles jusqu'à la quatrième génération des deux bords ! Des tantes avec de la barbe, y en a un tas, je te préviens. Par contre, tu sauras me dire que j'ai des nièces ben ragoûtantes.

MARIE-ANGE

(*En tablier, a paru et crie du palier.*) Jean-Paul ! Ma tante ! Le souper est prêt !

LE PÈRE

(*Continuant, à* TIT-COQ.) Là-dessus, on va passer manger. Si tu te gênes à table, tu vas repartir maigri ; mais si tu n'attends pas qu'on t'en offre, tu vas prendre du ventre. La mère Desilets, c'est pas elle qui a inventé le téléphone, mais, pour la mangeaille, elle est dépareillée...

MARIE-ANGE

(*Est venue prendre son* PÈRE *par la taille.*) Papa, c'est prêt !

(JEAN-PAUL *descend l'escalier et sort vers la cuisine.*)

LE PÈRE

(*A* TIT-COQ.) En tout cas, si tu n'aimes pas notre nourriture, sois tranquille, tu auras la chance de te reprendre ailleurs. Comme je te le disais tantôt, c'est moi le plus vieux de la famille ; ça fait que tous les parents viennent s'emplir la panse chez nous, le soir de Noël. Mais on se venge et on va leur vider l'armoire à tartes à tour de rôle.

MARIE-ANGE

(*Cherchant à l'entraîner.*) Papa, le souper !

LE PÈRE

(*A* TIT-COQ, *en désignant* MARIE-ANGE.) C'est pas un beau brin de fille, ça, tu penses ? Sacrée belle chouette, va ! Dommage d'être pauvre. Si j'étais riche, je te payerais ton salaire et je te garderais avec moi icitte.

(*Pendant que la* TANTE *descend l'escalier, ils se dirigent tous trois vers la cuisine, le* PÈRE *tenant par l'épaule* MARIE-ANGE *et* TIT-COQ.)

LE PÈRE

(*A sa « chouette », tout en marchant.*) M'as-tu apporté un cadeau, au moins ? Autrement, je t'avertis : pas de place pour toi dans la maison ! Tu couches dehors à soir, morsac !

R I D E A U

TABLEAU III

LA CHAMBRE DU PADRE. *Même décor qu'au premier tableau.*

(*Le* PADRE *est en train d'écrire, à sa table de travail, qu'une lampe à abat-jour vert inonde de lumière ; le reste du décor est dans l'ombre. On frappe à la porte.*)

LE PADRE

(*Le nez sur son papier.*) Entrez !

TIT-COQ

(*Paraît. On devine que, dès son arrivée au camp, il s'est précipité chez le* PADRE.) Bonsoir, Padre !

LE PADRE

Ah ! bonsoir, Tit-Coq. Comment vas-tu ?

TIT-COQ

Je me le demande !

LE PADRE

Quand es-tu revenu de Saint-Anicet ?

TIT-COQ

J'en arrive, là.

LE PADRE

Et tu as fait un bon voyage ?

TIT-COQ

Je suis complètement à l'envers, c'est tout ce que je sais. (*Il arpente la pièce, nerveux.*) Je suis mêlé dans mes papiers comme jamais. Ah ! comme jamais. Je voudrais trouver les mots pour... (*Enlevant son paletot.*) Je peux-t-y ôter ça ? Il fait chaud ici-dedans !

LE PADRE

Je t'en prie. (*Pendant que* TIT-COQ *accroche son paletot au mur.*) On t'a bien reçu, là-bas ?

TIT-COQ

Bien reçu ? Comme un roi ! Ah ! le cœur sur la main. Souvent on lance ça sans savoir ce qu'on dit, mais là c'est vrai cent pour cent. Des gens qui te laissent sortir de table seulement quand tu es bourré jusqu'au crâne, et qui te dorlotent, au bout d'une heure, comme si tu étais venu au monde dans le salon chez eux.

A C T E I

LE PADRE

En somme, tu as fait partie de la famille ?

TIT-COQ

Ouais, de la famille ! Et c'est ben ça, le drame. Parce que moi — vous le savez depuis l'autre jour — tout ce que j'ai connu, c'est la crèche jusqu'à six ans, l'orphelinat jusqu'à quatorze ans et demi, ensuite les chambres à louer, les restaurants, les salles de billard... et le camp ici pour finir.

LE PADRE

Ce n'est pas ce qu'on peut appeler l'intimité d'un foyer, évidemment.

TIT-COQ

C'est bête à dire : je n'avais pas mis les pieds dans une vraie maison depuis l'âge de seize ans, quand j'ai fait la livraison deux jours pour un épicier. Je connaissais pas mieux... alors j'étais tranquille, tout seul dans mon coin. (*Désignant un clou dans la table.*) Comme ce clou-là, tenez : il rouille en paix au fond de son trou, sans se douter qu'il pourrait être une belle vis en cuivre.

LE PADRE

Et là, pour la première fois de ta vie, tu as vu une maisonnée de parents qui s'aimaient ?

TIT-COQ

Ouais ! Des parents qui braillent de joie en se revoyant et qui braillent de peine en se quittant... Des parents pris les uns dans les autres comme des morceaux de puzzle !

LE PADRE

Il n'est pas étonnant que tu sois bouleversé.

TIT-COQ

La première journée, j'avais la mâchoire raide. Je résistais, en me disant : « Ces collages-là, c'est de la niaiserie et du sentiment ! » Et puis, tout d'un coup, ça m'a pris par en dessous, comme une tentation ; une tentation de me laisser faire et d'être bien. Et j'ai tombé dans le piège, aux as ! Comme une fille qui aurait dit « non » pendant longtemps, mais qui ouvrirait la barrière, un beau soir. Une fille qui serait bien attrapée ensuite... parce qu'elle n'aurait pas le courage de la refermer.

LE PADRE

Alors, tu regrettes ton congé ?

TIT-COQ

En tout cas, il m'a mis un petit ver dans la pomme... Même un gros ver ! Quel entraînement j'ai eu là-dedans, moi ? Quand même j'aurais voulu, je n'avais personne à aimer... à part le petit Jésus, saint Joseph et mon bon

ange gardien. Aimer, aimer ! Je voyais ben ce verbe-là
écrit un peu partout, mais tout ce qu'il voulait dire, pour
moi, c'était coucher avec une fille !

LE PADRE

Et tu découvres maintenant qu'il signifie beaucoup
plus ?

TIT-COQ

Peut-être, oui... (*Songeur.*) Entre nous deux, là, j'en
ai perdu gros dans ma jeunesse, moi, à cause de ma maudite bâtardise !

LE PADRE

Il ne faut pas en vouloir à tes parents.

TIT-COQ

Ah ! je leur en veux pas. A chacun ses embêtements
dans la vie : ma mère a porté sa misère pendant neuf
mois, et moi... j'ai porté le reste.

LE PADRE

Il faut croire qu'elle ne pouvait pas te garder.

TIT-COQ

C'est ben ce que je me dis.

LE PADRE

A quel âge as-tu pris conscience de ta condition ?

TIT-COQ

Ah !... je devais avoir environ douze ans.

LE PADRE

Et quelle a été ton impression ?

TIT-COQ

Ni bonne ni mauvaise, si je me rappelle bien. Long-temps, j'ai pensé que ma mère devait être une belle princesse, comme dans les contes de fées. Une princesse qui, un beau matin, s'amènerait avec une mèche de cheveux et dirait aux révérendes sœurs épastrouillées : « Ce beau jeune homme blond est mon fils, le prince un tel. Son père, c'est le premier ministre ! » Mais, quand j'ai découvert que les princesses étaient plutôt rares dans la paroisse, j'en suis vite revenu. Quant au premier ministre, maintenant que je le connais, ça m'étonnerait ben gros qu'il soit mon père ! (*Se levant.*) Je me demande pourquoi je me déboutonne comme ça.

LE PADRE

Ça te surprend ?

TIT-COQ

Oui. (*Amer.*) D'habitude, je lave mon linge sale... en famille. Mais, depuis l'autre soir, c'est plus fort que moi, il faut que je parle ! Et je n'ai personne avec qui me débourrer le cœur.

LE PERE: "M'as-tu apporté un cadeau, au moins?" (*Acte I, 2e tableau*)

TIT-COQ: "Des parents pris les uns dans les autres comme des morceaux de puzzle!" (*Acte I, 3e tableau*)

LE PADRE

Personne... à part moi.

TIT-COQ

A part vous, oui. Mais faudrait pas vous enfler la tête avec ça.

LE PADRE

(*Rit de bon cœur.*) Tout ce qui me touche, c'est la marque de confiance que tu me donnes.

TIT-COQ

Je vous l'ai dit : j'ai pas le choix. (*Prenant un paquet de cigarettes sur le bureau du* PADRE.) Je peux vous prendre une cigarette ? J'en manque.

LE PADRE

Je t'en prie. Tu peux garder tout le paquet, si tu veux.

TIT-COQ

Tout le paquet ? Merci ! (*Gouailleur.*) Je comprends à présent pourquoi il y a des gars qui viennent à confesse si souvent !

LE PADRE

(*Enchaîne tout simplement.*) Évidemment, tu as perdu beaucoup de bonheur dans ta jeunesse. Mais l'avenir peut changer bien des choses. Il n'en tiendra qu'à toi.

TIT-COQ

Comment ça ?

LE PADRE

Le jour où tu épouseras une bonne petite fille, tu feras partie d'une famille, toi aussi.

TIT-COQ

De la sienne ?

LE PADRE

Oui. Tu auras des beaux-parents, des beaux-frères, des cousins, des cousines, des oncles, des tantes... et des enfants à aimer, comme tout le monde.

TIT-COQ

(*Tendu.*) Oui, hein ? J'y avais pensé, savez-vous. Mais je voulais vous le laisser dire : tout seul, j'aurais pas osé y croire.

LE PADRE

Tu y avais pensé ?

TIT-COQ

Oui. Dès le lendemain de mon arrivée là-bas.

LE PADRE

Tiens, tiens ! Dois-je comprendre que... ?

A C T E I

TIT-COQ

...il y a une sœur, oui.

LE PADRE

Une sœur de Jean-Paul ?

TIT-COQ

(*Tendre.*) Oui, cher Padre.

LE PADRE

Tu crois que tu pourrais l'aimer ?

TIT-COQ

Si je pourrais l'aimer ? Les pieds par-dessus la tête, monsieur le curé ! Et ça serait pas une corvée !

LE PADRE

C'est une belle petite fille ?

TIT-COQ

Belle ? Ben plus que ça ! Rien que le fait de danser avec elle dans le salon me chavirait le canot d'écorce, au point que je m'accrochais dans tous les meubles. Et pourtant je sais tricoter ça, une danse, d'habitude ! Mais que je sois fou d'elle ou non, c'est pas là la question : y a-t-il des chances qu'elle en vienne à me trouver de son goût, elle ?

75

LE PADRE

Pourquoi pas ?

TIT-COQ

Vous m'avez regardé en pleine face ? Un type comme moi, rien que sa mère pourrait le trouver beau... à condition qu'il en ait une.

LE PADRE

L'apparence physique n'est pas tout ce qui compte dans la vie, tu sais. Le bon Dieu est juste, alors il répartit les qualités.

TIT-COQ

Oui, hein ?

LE PADRE

Aux uns, il accorde l'harmonie des traits, l'élégance de la taille ; aux autres, la beauté des sentiments et le charme que donne la sincérité du cœur. Non, je ne vois rien d'impossible à ce qu'elle en vienne à t'aimer, elle aussi.

TIT-COQ

Maudit, que vous parlez bien ! Continuez. Vous feriez un sacré bon évêque, vous !

LE PADRE

(*Sourit.*) D'ailleurs, admettre ses déficiences, c'est déjà se rendre sympathique.

TIT-COQ

Surtout si un gars s'est donné la peine d'apprendre la technique. Celui qui a la fiole bâtie comme une bouteille de parfum de cent piastres, il n'a pas besoin d'être expert en amour pour voir les femmes lui tomber dans les bras ; mais moi — je m'en suis aperçu depuis longtemps — mon seul atout, c'est d'avoir le tour.

LE PADRE

Tout dépend du sens que tu donnes à « avoir le tour ».

TIT-COQ

Qu'est-ce que vous voulez dire, vous aussi ?

LE PADRE

La sœur de Jean-Paul doit sûrement être une petite fille propre.

TIT-COQ

Certain !

LE PADRE

Il faudra que tu la respectes.

TIT-COQ

Ah ! soyez tranquille là-dessus. Je sais qu'elle n'est pas une fille à ça. Avec elle, les mains sur la couverte ! Pas à cause du péché et parce qu'il faut toucher au fruit défendu le moins possible. Ah non ! Ça, pour moi, c'est plutôt vague. Seulement, quand on se sent crotté, voyez-vous, et qu'on veut sortir de sa crasse, on salit pas l'eau avant de se laver avec, pas vrai ?

LE PADRE

Justement.

TIT-COQ

Ah non ! Une fille comme ça, ça s'appelle « Touches-y pas ! » Je le voudrais que... je pourrais pas.

LE PADRE

Enfin, quel que soit l'idéal qui t'anime, l'essentiel est que tu te conduises bien avec elle.

TIT-COQ

C'est ça ! Autre chose : la fille que j'aimerai au point de lui glisser un jonc dans le doigt, je lui serai fidèle de la tête aux pieds et d'un dimanche à l'autre, laissez-moi vous le dire ! Encore une fois, faudrait pas me prendre pour un buveur d'eau bénite ; mais les situations irré-gulières, moi, j'en ai plein le dos, étant donné que je suis venu au monde les fesses dedans !

LE PADRE

Crois-tu qu'elle pourrait s'intéresser à toi, elle ?

TIT-COQ

Marie-Ange ? Pour être franc cent pour cent, je pense que oui : on doit sortir ensemble jeudi.

LE PADRE

Eh bien ! de quoi te plains-tu ?

TIT-COQ

D'autant plus que c'est elle qui a amené la question sur le tapis, en revenant dans le train. Non, j'ai beau me faire des peurs, dans le fin fond j'ai idée que ça marcherait, nous deux. Il y a des choses en amour qu'on dit pas...

LE PADRE

...mais qu'on sent.

TIT-COQ

En plein ça !

LE PADRE

Alors, tu n'as pas à t'inquiéter.

TIT-COQ

(*Soucieux.*) Seulement, il y a un autre maudit problème !

LE PADRE

L'affaire de ta famille ?

TIT-COQ

L'histoire de mes glorieux ancêtres, oui.

LE PADRE

Elle n'en sait rien ?

TIT-COQ

Tout ce qu'ils croient, là-bas, c'est que je suis orphelin. Etes-vous d'avis que ça les chiffonnerait ben gros, elle et ses parents, s'ils apprenaient que... ?

LE PADRE

Non, pas si ces gens-là ont le cœur à la bonne place.

TIT-COQ

Ah ! pour ça, ils l'ont : rien qu'à voir leur façon de me porter sur la main ! En tout cas, celui qui voudrait les décrier devant moi, il ferait mieux de se protéger le dentier !

LE PADRE

Tu n'es pas responsable de la faute des autres. C'est sur tes actes à toi qu'on te jugera.

TIT-COQ

Certain ! D'ailleurs, le pauvre petit chien perdu qui se colle après vous dans la rue, sait-on jamais : son père, c'est peut-être un chien de race, hein ?

LE PADRE

Je le répète : tu n'as pas à rougir de ta condition. Cependant, je crois qu'il vaudrait mieux lui dire la vérité, à elle.

TIT-COQ

Ah ! Vous pensez que... ?

LE PADRE

Oui. Autrement, elle pourrait t'en vouloir plus tard de lui avoir témoigné si peu de confiance.

TIT-COQ

(*Empoisonné.*) Ça va nous faire un tête-à-tête délicieux ! Quand est-ce que je devrais... ?

LE PADRE

Le plus tôt possible. Si par malheur elle manquait de jugement au point d'accorder de l'importance à une telle question...

TIT-COQ

Aïe ! pas de bêtises, là, vous !

LE PADRE

...autant le savoir avant de t'attacher à elle. Pas vrai ?

TIT-COQ

Oh ! vous savez : je suis déjà pas mal tout attaché. Ouais ! Au fond, il s'agit de savoir si elle pourrait m'aimer pour moi ou ben... pour ma famille ?

LE PADRE
(*Souriant.*) Tout juste.

TIT-COQ
(*Un poids énorme sur les épaules.*) Bon, je lui en parlerai jeudi. Eh ! maudite bâtardise !

LE PADRE
Enfin, si tu en trouves le temps d'ici là, prie un peu, pour que tout s'arrange.

TIT-COQ
Ah ! vous savez, le bon Dieu, il m'en a tellement donné dans le passé que ça me gêne de lui en demander encore ! (*Pendant que le rideau tombe.*) Pour en revenir à Marie-Ange : d'après vous, je serais-t-y mieux de l'emmener danser, jeudi soir, ou bien d'aller lui prendre les mains aux vues ?

R I D E A U

TABLEAU IV

A LA PORTE, CHEZ MARIE-ANGE. *Au centre, séparée du trottoir par une marche, l'entrée d'une maison de petits appartements modestes.*
C'est le soir : seul un réverbère éclaire la scène.

(TIT-COQ *et* MARIE-ANGE *entrent par la gauche, bras dessus bras dessous, et s'arrêtent devant la porte.*)

MARIE-ANGE

(*Dans un éclat de rire.*) Mais pourquoi vous m'appelez toujours « Mam'zelle Toute-Neuve » ?

TIT-COQ

Ça vous choque ?

MARIE-ANGE

Non ! Mam'zelle Toute-Neuve, c'est assez plaisant. D'où ça vient, ça ? De ce que j'ai gardé mon air empesé du couvent, je suppose ?

TIT-COQ

Jamais de la vie ! C'est plutôt que vous me faites penser à... (*Il hésite.*)

MARIE-ANGE

A quoi ?

TIT-COQ

...à un petit mouchoir blanc tout neuf, pas même déplié.

MARIE-ANGE

(*Rit à belles dents.*) Alors je suis un petit mouchoir plié en quatre ?

TIT-COQ

Oui.

MARIE-ANGE

Un mouchoir pour pleurer ou pour se moucher ?

TIT-COQ

Disons un petit mouchoir de fantaisie.

MARIE-ANGE

Vous êtes drôle ! Pourquoi tout le monde vous a baptisé Tit-Coq, vous ?

TIT-COQ

A cause de mon caractère, probablement. Pour un rien, je...

MARIE-ANGE

(*Taquine.*) ...vous montez sur vos ergots ?

TIT-COQ

Oui. (*Rougissant.*) Ce que j'ai sur le cœur, il faut que ça sorte... souvent d'une manière pas mal cassante.

MARIE-ANGE

(*Lui mettant son petit poing sous le nez.*) Comme ça, des fois ?

TIT-COQ

(*Acquiesce d'un sourire.*)

MARIE-ANGE

Parlez-moi des gens qui ont le courage de dire ce qu'ils pensent ! Au moins, avec eux, on sait à quoi s'en tenir. Je peux vous appeler Tit-Coq, moi aussi ?

TIT-COQ

Mon vrai nom, c'est Arthur...

MARIE-ANGE

Arthur ! Le premier venu peut s'appeler Arthur. J'aime bien mieux Tit-Coq : ce n'est pas tout le monde qui a le tour de porter ce nom-là.

TIT-COQ

(*Flatté.*) Peut-être.

MARIE-ANGE

Ce qui est de votre goût... il faut que ça sorte aussi ?

TIT-COQ

Pareil.

MARIE-ANGE

Ça vous a plu, notre soirée ensemble ?

TIT-COQ

(*Honnête.*) Ben gros !

MARIE-ANGE

A moi aussi. (*Dans une pirouette.*) La danse, moi, je raffole de ça ! Ah ! c'est fou ce que ça me fait, la danse ! Quand je tourne au milieu de la place, je pense que la fin du monde arriverait sans me déranger. Mais, une fille qui aime la danse, vous ne trouvez pas ça trop léger, vous ?

TIT-COQ

Pas de danger !

MARIE-ANGE

Ma tante Clara, elle, prétend que toutes celles qui dansent passent leur temps à commettre des péchés mortels. Pauvre elle ! Vous aussi, c'est clair que vous avez de l'agrément à danser. Et puis vous savez faire virer ça, une fille, vous ! Un rêve ! C'est vous qui conduisez, mais il me semble toujours que je vais où je voulais aller. Avec la plupart des garçons, un contre-coup n'attend pas l'autre. Où les avez-vous appris, tous ces pas-là ? Dans l'armée ?

86

A C T E   I

TIT-COQ

Ah ! un peu partout...

(GERMAINE *paraît à gauche.*)

MARIE-ANGE

Allô, Germaine.

GERMAINE

Bonsoir.

MARIE-ANGE

Germaine, je te présente monsieur Tit... heu... monsieur Arthur Saint-Jean. (*A* TIT-COQ.) Ma cousine, Germaine Lachance : c'est chez elle que je demeure.

GERMAINE

Enchantée, monsieur Saint-Jean.

TIT-COQ

(*Marmotte.*) Mademoiselle...

GERMAINE

(*Mettant la clef dans la serrure.*) Belle soirée, n'est-ce pas ?

MARIE-ANGE

(*Convaincue.*) Ah oui !

(GERMAINE *entre dans la maison.*)

MARIE-ANGE

(*Pendant que* TIT-COQ *la dévore des yeux.*) Je l'appelle ma cousine, mais c'est une parente de loin ; je pense que son grand-père et le mien étaient cousins germains. Elle a un ami depuis trois mois, (*Moqueuse.*) un vieux veuf de trente-neuf ans ! Je la taquine avec ça, des fois. Même si elle est un peu haïssable par bouts, c'est de la bonne pâte au fond et je m'entends bien avec elle. Ça m'arrange qu'on habite ensemble, parce que mon père aurait sauté au plafond si j'avais voulu loger toute seule en ville. Et je ne voudrais pas aller vivre chez ma tante Clara pour tout l'or du monde : ça sent le vieux scapulaire à plein nez dans sa chambre ! On a un appartement d'une pièce et demie. C'est meublé sans prétention, mais c'est propre. V'là notre balcon, en haut... (*Elle le montre du doigt.*) Je vous inviterais bien à monter, seulement, à cette heure-ci, les voisins jaseraient. Ce sera pour une autre fois ?... Si ça vous sourit de revenir, comme de raison.

TIT-COQ

Ah ! certain que... (*Le moment de la confession est venu, il le sent bien.*)

MARIE-ANGE

Disons... samedi soir ?

TIT-COQ

(*Rassemblant tout son courage.*) Avant d'accepter, il y a... un aveu que je dois vous faire.

MARIE-ANGE

Un aveu... plaisant ?

TIT-COQ

(*Fait un signe de tête négatif, puis, la gorge serrée et les yeux sur le bout de sa bottine.*) Si je suis allé chez vous pour le congé des Fêtes, c'est pas parce que je suis orphelin. C'est plutôt que...

MARIE-ANGE

(*Lui met un doigt sur la bouche et, presque tout bas.*) Chut ! je sais tout ça.

TIT-COQ

(*A travers son trouble.*) Jean-Paul ?

MARIE-ANGE

Oui.

TIT-COQ

Quand ?

MARIE-ANGE

Le jour de Noël. (*Après un temps, elle lui prend la main et, simplement.*) A samedi soir ?

TIT-COQ

(*Trop ému pour parler, il accepte d'un geste.*)

(*Il allait s'éloigner, mais il revient vers elle : d'un mou-*
vement impulsif, il lui prend la tête dans ses mains et
lui donne un baiser rapide sur la joue. Puis il sort sans
un mot, le cœur dans les nuages, pendant que MARIE-
ANGE, *conquise, le suit des yeux, la tête appuyée au cham-*
branle de la porte.)

R I D E A U

TABLEAU V

LA CHAMBRE DE MARIE-ANGE ET DE GER-
MAINE. *Divan-lit recouvert d'une cretonne
fleurie ; berceuse, pouf ; sur un buffet à gauche,
téléphone, petit radio-phonographe. Aux murs,
miroir, chromos, photographies encadrées.*

*Dans le pan du fond, un vestibule exigu, où
se font face, à droite l'entrée et à gauche une
portière qui masque la cuisinette. Dans le pan
droit, une porte-fenêtre ouvre sur le balcon.*

*C'est une pièce bien féminine, décorée de ces
bagatelles qu'affectionnent les jeunes ouvrières
sentimentales.*

(GERMAINE *dessert une petite table pliante où les
deux compagnes viennent de prendre leur repas. Par la
porte entr'ouverte du balcon, on entend sonner l'angélus.*)

GERMAINE

(*Chantonne en travaillant.*)

« C'est le mois de Marie,
« C'est le mois le plus beau... »

91

MARIE-ANGE

(*Entre par la porte-fenêtre, tout en essuyant une assiette.*) Ah! qu'on est bien sur le balcon. Il fait doux comme en été! (*Elle est en pantoufles et porte une gentille petite robe.*)

GERMAINE

Ton Tit-Coq vient tantôt?

MARIE-ANGE

Tu penses! Le soir de ma fête, il faut qu'il vienne me souhaiter ça sur le bec.

GERMAINE

Si tu veux être montrable quand il arrivera, grouille-toi! Il est déjà sept heures.

MARIE-ANGE

Je suis prête : j'ai seulement à mettre mes souliers. Quand même je me laisserais reposer les pieds un peu!

(*Sonnerie du téléphone.*)

GERMAINE

(*Répondant.*) Allô!... Non, c'est Germaine... Ah, tiens!... Comment ça va?... Oui, elle est ici... Une seconde. (*A* MARIE-ANGE.) C'est pour toi.

MARIE-ANGE

(*Se précipite à l'appareil, tout heureuse.*) Allô!... (*Elle change d'expression.*) Qui ?... Ah !... Bonsoir... Ça va bien... Ma fête ?... Oui, c'est aujourd'hui... Merci... Non, je suis occupée... Oui... Ah ! je suis pas mal occupée ce temps-ci... (*Elle est visiblement agacée.*) C'est ça, oui... Bonsoir. (*Elle raccroche. A* GERMAINE.) Tu aurais dû me dire que c'était Léopold Vermette.

GERMAINE

M'en as-tu laissé le temps ?

MARIE-ANGE

(*Mettant ses souliers.*) Qu'est-ce qui le prend, lui ? C'est la troisième fois qu'il me téléphone depuis un mois.

GERMAINE

Il voudrait sortir avec toi, ça crève les yeux.

MARIE-ANGE

Eh bien ! ma chère, son chien est mort depuis toujours.

GERMAINE

Ça m'étonnerait qu'il te rappelle, après l'encouragement que tu viens de lui donner.

MARIE-ANGE

C'est tout ce que je demande.

GERMAINE

(*Tout en parlant, elle a replié la table, l'a placée dans un coin et continue à mettre de l'ordre dans la pièce.*) N'empêche que, sans Tit-Coq, ce serait peut-être une autre histoire.

MARIE-ANGE

Oui, mais Tit-Coq est là ! Et ça règle la question. D'ailleurs je le connaissais avant Tit-Coq, lui, et je le trouvais aussi insignifiant dans ce temps-là. (*Elle se recoiffe devant la glace.*)

GERMAINE

Comme ça, c'est sérieux, vos amours ?

MARIE-ANGE

Tiens ! Certain que c'est sérieux.

GERMAINE

En tout cas, laisse-moi te dire que tu es peut-être bien gauche de t'amouracher d'un petit soldat qui vient le bon Dieu sait d'où, et qui peut repartir d'une journée à l'autre.

MARIE-ANGE

Qu'est-ce que tu veux que j'y fasse ?

GERMAINE

Oh ! je n'ai rien contre lui. C'est un garçon bien

sympathique, que tout le monde aime. Mais de là à faire
un bon parti...

MARIE-ANGE

(*Narquoise.*) Évidemment, ce n'est pas donné à toutes les filles d'avoir pour bien-aimé un veuf de trente-
neuf ans !

GERMAINE

(*Piquée au vif.*) Eh bien ! tu sauras que mon veuf,
c'est un amoureux qui en vaut bien d'autres, avec ses
trente-neuf ans, ses trois enfants, sa pipe et son tabac
canadien. Il n'est pas l'homme pour m'emmener danser
tous les soirs et me déclamer des vers à genoux au clair
de lune, non ! Seulement, c'est un parti sûr. Et la sécu-
rité pour une femme, ça compte.

MARIE-ANGE

Mon Tit-Coq me donne peut-être moins de garanties
que tu voudrais, mais il a un atout de plus que le tien
dans son jeu.

GERMAINE

Ah ! je sais que, pour les caresses de fantaisie, il est
plus agile qu'Armand.

MARIE-ANGE

S'agit pas de ça ! C'est que ton veuf a toute une
famille dans le cœur, à part toi, tandis que mon Tit-Coq
est seul au monde.

GERMAINE

Tu appelles ça un avantage ?

MARIE-ANGE

Oui, parce que mon mari à moi, tout l'amour qu'il aura dans sa vie, c'est à moi qu'il le devra ; à moi, Marie-Ange Desilets, et à la parenté que je lui donnerai ! Si une femme est heureuse de se sentir indispensable à un homme, je serai loin de m'embêter en ménage !

GERMAINE

Les histoires de dévouement et de sacrifice, moi, ça me laisse froide.

MARIE-ANGE

Eh bien ! moi, ça me réchauffe. D'ailleurs il n'est pas question de sacrifice. Au contraire.

GERMAINE

Enfin, ce que j'en dis, c'est dans ton intérêt, mais tu feras bien ce que tu voudras.

MARIE-ANGE

T'inquiète pas : j'ai dix-neuf ans aujourd'hui, je suis capable de me conduire toute seule.

GERMAINE

Seulement rappelle-toi que, quand on est marié, c'est pour longtemps.

A C T E I

MARIE-ANGE

Tant mieux !

GERMAINE

Pas de divorce dans le pays. On est loin d'Hollywood !

MARIE-ANGE

Bien sûr !

GERMAINE

Là-bas, si tu te trompes de train, c'est simple, tu descends à la prochaine gare. Mais ici, il faut que tu endures jusqu'au terminus.

MARIE-ANGE

En tout cas, tu sauras que, s'il y avait quelque chose de louche dans notre affaire, les miens s'en mêleraient.

GERMAINE

Ah ! les tiens, ils sont loin et ils ne pensent pas à tout : ton père, lui, du moment que...

(Sonnerie comique à la porte.)

MARIE-ANGE

(Passe au vestibule, presse un bouton qui déclenchera la porte d'entrée au rez-de-chaussée, puis court vérifier un instant sa toilette devant le miroir. On entend frapper gaîment : elle ouvre.) Allô !

TIT-COQ

(*La recevant dans ses bras.*) Bonne fête, mam'zelle Toute-Neuve !

MARIE-ANGE

Embrasse-moi.

TIT-COQ

(*Lui prenant la tête dans ses mains.*) Attends un peu ! Un vrai baiser, ça se prend lentement. D'abord, il y a le plaisir de le désirer.

MARIE-ANGE

Je le souhaite depuis longtemps !

TIT-COQ

De loin, oui. Mais, de près, c'est encore ben meilleur ! (*Tout en parlant, il l'embrasse dans les cheveux, sur les yeux.*) Savoir qu'un gars qui vous aime comme un fou, mam'zelle Toute-Neuve, va vous embrasser dans dix secondes... dans cinq secondes... dans deux secondes et demie ! Voyez-vous, mam'zelle Toute-Neuve, le grand tort de ben des hommes, c'est d'embrasser une femme avant qu'elle en meure d'envie...

MARIE-ANGE

(*D'elle-même, elle lui saute au cou et lui donne un baiser, puis :*) Que tu embrasses bien !

TIT-COQ

Oui, j'embrasse bien, Dieu merci ! Et c'est facile à expliquer. Vois-tu, un homme ordinaire te donnerait juste de la passion dans ses baisers. C'est pas mal, la passion... c'est même bon ; mais je suis ben obligé, moi, d'y mettre en plus toute la tendresse et l'amitié que je n'ai jamais pu donner à personne. Comme de raison, tout ça ensemble, ça fait impressionnant.

MARIE-ANGE

Il n'y en a pas d'autre comme toi.

TIT-COQ

J'ai compris, mais... j'aimerais que tu répètes.

MARIE-ANGE

Tu es le seul homme au monde pour moi !

TIT-COQ

T'exagères peut-être un peu, mais tu me fais plaisir en maudit ! Comme ça, Clark Gable, Charles Boyer et le roi d'Angleterre, c'est de la belle crotte à côté de moi ?

MARIE-ANGE

Oui.

TIT-COQ

Se faire dire ça par la plus belle des filles ! Qu'est-ce qu'il faut de plus à un homme ? (*Ils sont restés dans les bras l'un de l'autre, près de la porte ouverte.*)

GERMAINE

(*Qui pendant ce temps s'occupait dans la cuisine, traverse la scène.*) Gênez-vous pas pour moi.

TIT-COQ

On n'a pas à se gêner ! Ce qu'on fait là, on le ferait devant tout le monde. Va chercher Monseigneur l'Archevêque si tu veux, il te dira que j'ai raison.

GERMAINE

Fermez la porte au moins, qu'on fasse ça en famille !

TIT-COQ

Bonne idée, oui.

MARIE-ANGE

D'ailleurs les courants d'air, c'est toujours dangereux.

TIT-COQ

(*A* MARIE-ANGE, *qui s'apprête à refermer la porte.*) A propos... il y a un paquet pour toi dans le corridor.

MARIE-ANGE

(*Rentrant avec le colis.*) Pas un cadeau ?

TIT-COQ

C'est un petit rien.

A   C   T   E   I

MARIE-ANGE

(*Le déballant.*) Je t'avais dit de laisser faire... Non ! Un kodak ! (*C'est un appareil photographique du type le plus commun.*)

TIT-COQ

Il est de ton goût ?

MARIE-ANGE

(*Comblée.*) Tu penses ! Hé, Germaine, regarde donc le beau présent !

GERMAINE

(*Distraite.*) Ah ! oui... il est beau en effet. (*Elle prend une chaise et va s'asseoir sur le balcon.*)

MARIE-ANGE

Pourquoi te jeter à la dépense, comme ça ?

TIT-COQ

Tu sais, j'ai ben peu de mérite : pour être honnête, j'ai songé à moi autant qu'à toi en te l'achetant, ce kodak-là.

MARIE-ANGE

Un jour, il sera à nous deux, en tout cas.

TIT-COQ

Oui. Et d'ici là, si jamais je prends le large, il servira

peut-être à ce que tu m'envoies ta photo, une fois de temps en temps.

MARIE-ANGE

(*Grave pour un instant.*) Bien sûr !

TIT-COQ

(*Avisant un album de photographies sur le guéridon au bout du divan.*) Ta photo... que je collerai dans un machin semblable à ça. (*Il le feuillette.*)

MARIE-ANGE

(*Toute à son cadeau.*) Tu parles d'un amour de kodak !

TIT-COQ

Sans rire : me le donnerais-tu, cet album-là, toi ?

MARIE-ANGE

Tu es fou ! Il est déjà à moitié rempli de portraits de la parenté.

TIT-COQ

De la parenté ? Justement, c'est bête, mais je le veux tel quel.

MARIE-ANGE

S'il te plaît, prends-le. Pour ce qu'il vaut...

TIT-COQ

Il vaut cher. Ben cher. Tu ne peux pas savoir quel

cadeau une fille fait à un gars comme moi, en lui donnant un album de famille. (*Avant de le refermer.*) Il
est encore à moitié vide : c'est en plein l'article.

MARIE-ANGE

(*Gamine.*) Qu'est-ce qu'on fait, ce soir ?

TIT-COQ

Ce qui te tentera.

GERMAINE

(*Rentrant du balcon.*) V'là Jean-Paul. (*Elle presse le
bouton-déclencheur.*)

TIT-COQ

(*Fouillant dans ses poches.*) Il me reste deux piastres
et quart. C'est pas le premier venu, chère débutante,
qui serait prêt, comme moi, à mettre à vos pieds toute sa fortune d'un coup sec !

GERMAINE

(*A* JEAN-PAUL, *qui entre.*) Bonsoir, Jean-Paul ! Une
belle surprise !

JEAN-PAUL

(*Sans trop d'entrain.*) Allô, Germaine...

MARIE-ANGE

Allô, Jean-Paul. (*Lui tendant la joue.*) Tu me sou-
haites bonne fête, oui ou non ?

JEAN-PAUL

Ah !... c'est ta fête ? (*Il lui donne un baiser.*)

MARIE-ANGE

Mais oui ! Je pensais que tu venais pour ça.

JEAN-PAUL

J'ai dû oublier.

MARIE-ANGE

As-tu vu le beau cadeau que Tit-Coq m'a apporté ?

JEAN-PAUL

(*L'esprit ailleurs.*) Ah oui, il est beau, vrai !

GERMAINE

(*Offrant une chaise à* JEAN-PAUL.) Assieds-toi.

TIT-COQ

Avoir su que tu serais venu, je t'aurais attendu.

JEAN-PAUL

(*S'asseyant.*) Je viens juste de me décider.

GERMAINE

Tu as l'air bien chiffonné. As-tu perdu un pain de ta fournée ?

JEAN-PAUL

(*A* TIT-COQ.) J'ai parlé au sergent-major tout à l'heure. Tu l'as vu, toi ?

MARIE-ANGE: "Je peux vous appeler Tit-Coq, moi aussi?" *(Acte I, 4e tableau)*

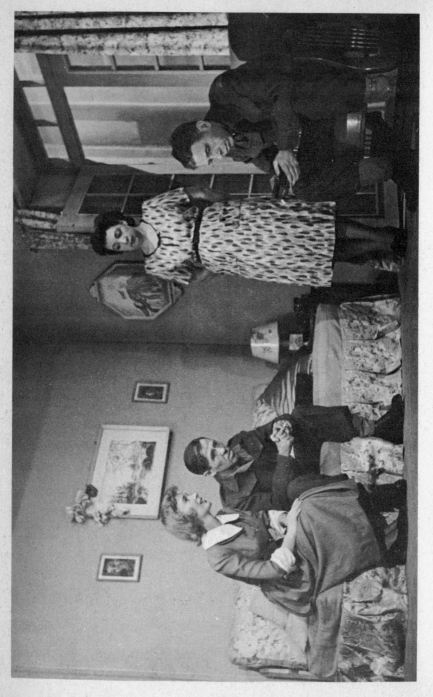

JEAN-PAUL: "On traverse là-bas tout de suite après." (*Acte I, 5e tableau*)

TIT-COQ

(*Inquiet.*) Non.

JEAN-PAUL

(*Regarde* TIT-COQ *dans les yeux.*) A compter de demain matin, on est transférés à la sixième compagnie, avec un congé de quarante-huit heures.

MARIE-ANGE

Un congé ? Ça, c'est chic !

TIT-COQ

(*Entre ses dents.*) Ouais... C'est chic en maudit.

JEAN-PAUL

Ça veut dire qu'on traverse là-bas tout de suite après.

(*Un temps.* MARIE-ANGE *est restée pétrifiée.* JEAN-PAUL *et* TIT-COQ *fument leur cigarette, les yeux au plancher. Au bout d'un instant,* MARIE-ANGE, *qui lutte contre ses larmes, se lève, va s'appuyer contre le mur à gauche et pleure silencieusement.*)

GERMAINE

(*Tousse pour dissimuler son trouble, puis :*) Jean-Paul, viens-tu faire un tour sur le balcon ?

(*Ils sortent tous les deux.*)

TIT-COQ

(*Resté seul avec* MARIE-ANGE, *il se lève, va au pho-*

nographe et choisit un disque qu'il fait tourner. Puis, sans un mot, il s'approche d'elle, la prend dans ses bras et, tout doucement, l'entraîne à danser. Elle, la tête sur l'épaule de TIT-COQ, *continue de pleurer. Après quelques pas, ils parleront, par phrases courtes, chargées d'émotion contenue.*)

MARIE-ANGE

Je ne danserai plus... Je danserai avec toi, quand tu seras revenu... Pas avant.

TIT-COQ

Ça va être un ben gros sacrifice pour toi.

MARIE-ANGE

Tant pis !

TIT-COQ

Je t'en demande moins que ça, tu sais.

MARIE-ANGE

Je ne pourrais pas danser avec un autre !

TIT-COQ

(*Lui donne un baiser dans les cheveux.*) Je te remercie quand même. De ça... et de tout le bonheur que tu m'as donné depuis que...

A C T E   I

(MARIE-ANGE *lui met la main sur la bouche.*)

(*Ils continuent de danser lentement, serrés
l'un contre l'autre.*)

RIDEAU

DEUXIÈME ACTE

TABLEAU I

LE PONT D'UN TRANSPORT DE TROUPES.

(TIT-COQ *est accoudé au bastingage, face au public.
On entend la musique d'un harmonica venant de la coulisse. Le* PADRE *traverse la scène : il se promenait sur le pont et il a aperçu* TIT-COQ.)

LE PADRE
Bonjour, Tit-Coq. (*Il vient s'appuyer près de lui.*)

TIT-COQ
(*Sortant de sa rêverie.*) Allô, Padre.

LE PADRE
Alors, ça y est : on s'en va.

TIT-COQ
On s'en va.

LE PADRE
Je t'empêche peut-être de t'ennuyer de ta Marie-Ange ?

TIT-COQ

Oui... mais c'est égal : j'aurai le temps de me reprendre à mon goût.

LE PADRE

Ce doit être nouveau pour toi, l'ennui ?

TIT-COQ

Tellement nouveau que j'aime presque ça. Ce qui est triste, je m'en rends compte, c'est pas de s'ennuyer...

LE PADRE

C'est de n'avoir personne de qui s'ennuyer ?

TIT-COQ

Justement... et personne qui s'ennuie de toi. Si je ne l'avais pas rencontrée, elle, je partirais aujourd'hui de la même façon, probablement sur le même bateau. Je prendrais le large, ni triste ni gai, comme un animal, sans savoir ce que j'aurais pu perdre.

LE PADRE

Tu ferais peut-être de la musique avec le gars là-bas ?

TIT-COQ

Peut-être, oui. Tandis que là, je pars avec une fille

dans le cœur... Une fille qui me trouve beau, figurez-vous !

LE PADRE

Non !

TIT-COQ

A ben y penser, c'est une maudite preuve d'amour qu'elle me donne là, elle ?

LE PADRE

(*Sourit.*) Une preuve écrasante.

TIT-COQ

Oui, je pars avec une fille qui m'aime, dans le cœur... et un album de famille dans mon sac.

LE PADRE

Un album de famille ! C'est elle qui te l'a donné ?

TIT-COQ

Oui, monsieur. Si jamais le bateau coule, sauvez ça d'abord, ou vous n'êtes pas un ami !

LE PADRE

Y aurait-il moyen de l'admirer, cette merveille-là ?

TIT-COQ

Tout de suite, si vous voulez ! (*Il sort l'album de sa vareuse.*) Et vous allez voir la plus belle famille au monde ! Je le dis, même si c'est la mienne. (*Lui montrant la première page.*) Tenez : ça, ça va être mon beau-père et ma belle-mère.

LE PADRE

Ils ont l'air de bien braves gens.

TIT-COQ

Yes, sir ! Braves d'un travers à l'autre.

LE PADRE

(*Désignant un portrait.*) C'est elle, Marie-Ange ?

TIT-COQ

Non, c'est ma belle-sœur Claudia, avec mon neveu Jacquot. (*Il tourne la page.*) Marie-Ange, la v'là !

LE PADRE

Une bien belle fille, en effet.

TIT-COQ

Oui... Il est déjà pas mal fatigué de se faire embrasser, ce portrait-là. Et le petit garçon ici, avec l'insigne de première communion, le cierge à la main et la bouche ouverte, c'est Jean-Paul ! (*Il tourne la page.*) Tenez : mon oncle Alcide et ma tante Maria, le parrain et la marraine de Marie-Ange. Ils habitent, en ville, dans le bout d'Hochelaga. Je l'aime ben, lui. Si jamais vous voulez entendre une bonne histoire croustillante, vous avez en plein l'homme ! (*Sautant plusieurs feuillets.*) J'en passe, et des meilleurs, pour arriver au plus beau portrait de tout l'album.

LE PADRE

Mais il n'y a rien sur cette page-là !

TIT-COQ

Rien pour vous ! Mais moi, avec un peu d'imagination, je distingue très bien madame Arthur Saint-Jean... avec le petit Saint-Jean sur ses genoux. A moins que ce soit la petite... Peux pas voir au juste... Et le gars à côté, l'air fendant comme un colonel à la tête de sa colonne, c'est votre humble serviteur.

LE PADRE

Tu as raison, c'est une page admirable.

TIT-COQ

Certain ! (*Il replace l'album dans sa vareuse.*)

LE PADRE

Tu n'as pas été tenté de l'épouser, ta Marie-Ange, avant de partir ?

TIT-COQ

Tenté ? Tous les jours de la semaine ! Mais non. Épouser une fille, pour qu'elle ait un petit de moi pendant que je serais parti au diable vert ? Jamais en cent ans ! Si mon père était loin de ma mère quand je suis venu au monde, à la Miséricorde ou ailleurs, ça le regardait. Mais moi, quand mon petit arrivera, je serai là, à côté de ma femme. Oui, monsieur ! Aussi proche du lit qu'il y aura moyen.

LE PADRE

Je te comprends.

TIT-COQ

Je serai là comme une teigne ! Cet enfant-là, il saura, lui, aussitôt l'œil ouvert, qui est-ce qui est son père. Je veux pouvoir lui pincer les joues et lui mordre les cuisses dès qu'il les aura nettes ; pas le trouver à moitié élevé à l'âge de deux, trois ans. J'ai manqué la première partie de ma vie, tant pis, on n'en parle plus. Mais la deuxième, j'y goûterai d'un bout à l'autre, par exemple !... Et lui, il aura une vraie belle petite gueule, comme sa mère.

LE PADRE

Et un cœur à la bonne place, comme son père ?

TIT-COQ

Avec la différence que lui, il sera un enfant propre, en dehors et en dedans. Pas une trouvaille de ruelle comme moi !

LE PADRE

Alors, c'est pour être près de ton enfant dès sa naissance que tu pars... ?

TIT-COQ

...vierge et martyr, oui.

LE PADRE

C'est une raison qui en vaut bien d'autres.

TIT-COQ

Probable.

LE PADRE

La Providence a été bonne pour toi, sais-tu ?

TIT-COQ

Oui. Elle a été loin de se forcer au commencement, mais, depuis quelques mois, elle a assez ben fait les choses. Et je ne lui en demande pas plus. (*Intensément.*) Savez-vous ce qu'il me faudrait, à moi, pour réussir ma vie cent pour cent ?

LE PADRE

Dis-moi ça.

TIT-COQ

Vous allez peut-être rire de moi : si on comprend de travers, ç'a l'air un peu enfant de chœur.

LE PADRE

Il n'y aura pas de quoi rire, j'en suis sûr.

TIT-COQ

Moi, je ne m'imagine pas sénateur dans le parlement, plus tard, ou ben millionnaire dans un château. Non ! Moi, quand je rêve, je me vois en tramway, un dimanche soir, vers sept heures et quart, avec mon petit dans les bras et, accrochée après moi, ma femme, ben propre, son sac de couches à la main. Et on s'en va veiller chez mon oncle Alcide. Mon oncle par alliance, mais mon oncle quand même ! Le bâtard tout seul dans la vie, ni vu ni connu. Dans le tram, il y aurait un homme comme les autres, ben ordinaire avec son chapeau gris, son foulard blanc, sa femme et son petit. Juste comme tout le monde. Pas plus, mais pas moins ! Pour un autre, ce serait peut-être un ben petit avenir, mais moi, avec ça, je serais sur le pignon du monde !

LE PADRE

Je comprends. Et je te félicite.

TIT-COQ

S'agit pas de me féliciter : un homme n'a pas de mérite à vouloir la seule sorte de vie qui pourra jamais le contenter.

LE PADRE

La seule ?

TIT-COQ

Ouais. Je pourrais jamais être heureux sans ça ! (*Entier.*) Parce que cette idée-là, comprenez-vous, je l'ai dans le derrière de la tête. (*Se pointant le chignon.*) Quelque part par là. Et c'est tracé aussi clair et net là-dedans qu'un chemin de fer !

LE PADRE

(*Après un temps.*) Sais-tu à quoi tu me fais penser, mon Tit-Coq ? A une branche de pommier qu'une tempête aurait cassée. Si on la laisse sur le sol où elle est tombée, elle pourrira. Mais, à condition de s'y prendre à temps, on peut la greffer sur un autre pommier et lui faire porter des fruits, comme si rien n'était arrivé.

TIT-COQ

Ç'a du bon sens, cette histoire-là. En tout cas, on va la replanter, la branche... et elle va retiger, parce qu'elle

est pleine de sève. Et je vous promets de maudites bonnes pommes ! (*Inquiet.*) Seulement, il y a une chose qui
me chiffonne depuis quelque temps.

LE PADRE

Qu'est-ce que c'est ?

TIT-COQ

L'histoire des publications de bans à l'église. Pendant
trois, quatre dimanches, le curé crie à tous les vents, du
haut de la chaire : « Il y a promesse de mariage entre
un tel, fils majeur d'un tel et d'une telle, de telle paroisse, d'une part... » Qu'est-ce qu'il va dire pour moi ? Ça
va être gênant en diable !

LE PADRE

Il ne dira rien du tout.

TIT-COQ

Comment ça ?

LE PADRE

Les bans ne seront pas publiés, si tu obtiens une dis-
pense à cet effet.

TIT-COQ

(*Soulagé.*) Oui, hein ? C'est si simple que ça ? Maudit
que la religion catholique est ben faite !

TIT-COQ: "Je te remercie... de tout le bonheur que tu m'as donné..." *(Acte I, 5e tableau)*

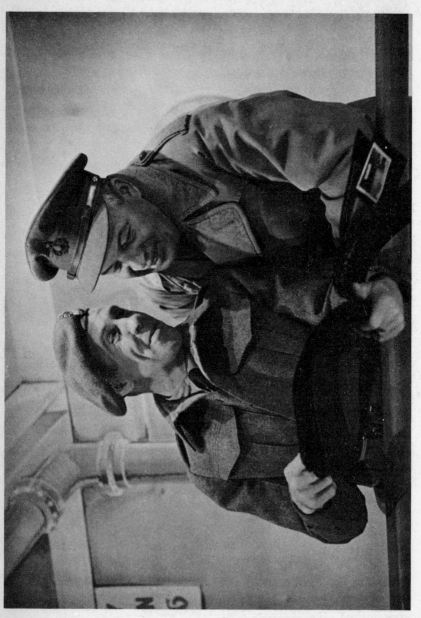

TIT-COQ: "...le plus beau portrait de tout l'album!" (*Acte II, 1er tableau*)

ACTE II

(JEAN-PAUL, *vert du mal de mer, entre et s'affale sur le bastingage, à côté du* PADRE.)

LE PADRE

Allô, Jean-Paul.

JEAN-PAUL

(*Misérable.*) Comment vous faites pour être ben, donc, vous autres ?

LE PADRE

La meilleure façon d'éviter le mal de mer, c'est encore de penser à autre chose.

JEAN-PAUL

Avec une houle pareille et le foie comme je l'ai, c'est ben dur !

LE PADRE

(*Le prenant par le bras.*) Viens marcher un peu : ça te remettra d'aplomb. (*Il l'entraîne hors de scène d'un pas vigoureux. Avant de sortir :*) A tantôt, mon Tit-Coq.

TIT-COQ

C'est ça.

(*Le solo d'harmonica a repris, dans la coulisse, pendant la visite de* JEAN-PAUL.)

T I T - C O Q

TIT-COQ

(*Resté seul, il sort l'album de sa vareuse, l'ouvre au portrait de* MARIE-ANGE *et, presque tout bas :*) Bonjour, mam'zelle Toute-Neuve ! (*Il dépose sur le portrait un baiser qu'il souffle ensuite au large.*)

(*Pendant que le rideau tombe, on entend le cri d'une mouette se perdre dans le vent.*)

RIDEAU

TABLEAU II

La chambre de Marie-Ange et de Germaine. *Même décor qu'au dernier tableau du premier acte.*

(Marie-Ange *se prépare à écrire. Devant elle, sur une petite table pliante, le portrait de* Tit-Coq, *un encrier, du papier à lettres. Sa mise est terne : elle se soucie peu de son apparence, maintenant que son amoureux est loin.*

Germaine, *un tablier couvrant sa robe, est assise dans un fauteuil à l'avant-scène. Elle tient le récepteur du téléphone entre la joue et l'épaule, gardant ses deux mains libres pour se limer les ongles.*)

GERMAINE

(*A l'appareil.*) Ah ! pas grand-chose de neuf. On a été à la messe de dix heures et demie toutes les deux. Ensuite, on a fait la dînette, lavé la vaisselle : juste un autre petit dimanche plat... Sais-tu, ça me sourirait de voir un beau film triste... Non, je n'ai pas regardé le

127

journal... Décide donc ça à ton goût, pour une fois...
Après, si tu veux, on ira manger un spaghetti... Où est-ce
qu'on se rencontre ?... C'est ça... Ah ! le temps de m'ha-
biller et je pars... Bye-bye ! (*Petits baisers du bout des
lèvres. Elle raccroche. A* MARIE-ANGE *:*) Je m'en vais
au cinéma avec Armand. Viens donc avec nous autres.

MARIE-ANGE

Non, merci beaucoup. Il faut que j'écrive à Tit-Coq.

GERMAINE

Mon Dieu ! tu feras ça demain.

MARIE-ANGE

Je ne lui ai pas donné de nouvelles, de la semaine.

GERMAINE

Quand même tu sortirais, une fois de temps en temps,
pour te changer les idées !

MARIE-ANGE

D'ailleurs, tu es bien aimable de m'inviter, mais je vous
dérange quand j'accepte, tu le sais. Il ne sort pas avec toi,
lui, pour m'avoir toujours entre vous deux comme un
chaperon.

GERMAINE

Je t'assure bien qu'Armand n'a jamais rouspété là-dessus.

MARIE-ANGE

C'est parce qu'il est bon diable. Seulement, moi, à sa place, j'en aurais plein le dos. D'autant plus que je ne peux jamais payer ma part dans ces sorties-là. Et moi, ça me gêne. Les premières fois, ça pouvait aller, mais là, c'est déjà arrivé trop souvent.

GERMAINE

Pauvre enfant, tu te fais de la bile pour rien !

(*Sonnerie brève à la porte pendant la dernière réplique.*)

GERMAINE

Un petit coup sec : ce doit être ta tante Clara, qui vient piquer une jasette. (*Elle a pressé le bouton-déclencheur.*)

MARIE-ANGE

Elle et sa jasette !

GERMAINE

(*Ouvre.*) Bonjour, mam'zelle !

LA TANTE

(*Paraissant.*) Bonjour, les petites filles !

MARIE-ANGE

(*Polie.*) Bonjour, ma tante.

LA TANTE

Vous vous prépariez à sortir, je gage? (*Elle enlève ses caoutchoucs près de la porte.*)

GERMAINE

Moi, il faut que je parte, mais Marie-Ange ne veut pas décoller de la maison.

MARIE-ANGE

Venez vous asseoir.

LA TANTE

Je vais ôter mon manteau juste une minute. Vu que j'avais rien à faire après les vêpres, j'ai dit : je vais pousser une pointe chez Marie-Ange, en attendant l'Heure Catholique.

GERMAINE

(*Tout en se préparant à sortir.*) Quel temps qu'il fait ?

LA TANTE

Ben beau ! Si ça continue, on aura eu un Mois des Morts idéal, cette année. (*Elle dégage la berceuse de*

ACTE II

tout obstacle et s'assoit confortablement. A MARIE-AN-GE :) Y a-t-il longtemps que tu as eu des nouvelles de la famille chez vous ?

MARIE-ANGE
(*Qui essaie en vain de se concentrer.*) Assez, oui.

LA TANTE
Moi, j'ai envoyé trois piastres et demie à ton père, à la Toussaint, pour qu'il fasse chanter une grand-messe pour l'âme de p'pa, mais il m'a pas encore répondu. J'aurais dû suivre ma première idée et adresser l'argent directement au presbytère.

(*Sonnerie au téléphone.*)

MARIE-ANGE
(*A* GERMAINE, *qui va répondre.*) Si c'est encore lui, je suis absente.

GERMAINE
(*A l'appareil.*) Allô !... (*Compatissante.*) Non, Léopold, je l'attends toujours... Eh non ! je me demande ce qu'elle fait... Sais-tu, elle a dû aller dîner chez un de ses oncles et... Ah ! c'est dommage, en effet... Bien oui, ç'aurait été gentil... Attends donc un peu, Léopold : j'entends quelqu'un qui monte l'escalier, je vais voir si c'est elle... (*La main sur le récepteur, à* MARIE-ANGE.)

131

Il s'en va en auto chercher une caisse de pommes à Saint-Hilaire et il voudrait t'emmener faire un tour.

MARIE-ANGE

(*Entre ses dents.*) Je suis absente, je te l'ai dit !

GERMAINE

Pas de danger qu'il te mange : il est avec sa sœur.

MARIE-ANGE

(*Tranchante.*) Qu'il aille au bonhomme !

GERMAINE

(*A l'appareil.*) Non, Léopold, c'était un des locataires d'en haut... Eh oui !... Je comprends : si vous voulez revenir de clarté, vous faites bien de partir tout de suite... Certain, je lui dirai que tu as appelé... Ah ! moi, ça s'endure. Toi aussi ?... Tant mieux !... C'est ça, bonjour. (*Elle raccroche. A* MARIE-ANGE *:*) Eh ! petite buse.

MARIE-ANGE

Va-t-il finir par comprendre que je ne veux pas le voir, lui ?

LA TANTE

C'est le jeune Vermette de par chez nous, ça ?

A C T E I I

GERMAINE

(*A* MARIE-ANGE, *tout en ajustant son chapeau devant la glace.*) Tu pourrais accepter son invitation une fois par trois mois, sans que ça t'engage à devenir la mère de ses enfants ! Et ça t'empêcherait peut-être de perdre la boule à la longue, à force de te cloîtrer comme tu le fais, entre un portrait et une boîte de papier à lettres. Si tu crois qu'il se prive de sortir en Angleterre, lui !

MARIE-ANGE

Je vous demande quelque chose, moi ? Fichez-moi donc la paix !

LA TANTE

N'empêche que c'est un garçon ben avenant, ce petit Vermette-là. Avec ça que son père est en moyens et va lui laisser quelques piastres. Et lui, de son côté, sous le rapport du travail...

MARIE-ANGE

(*Exaspérée.*) C'est un bon parti, oui ! Il gagne un gros salaire, oui ! Sa famille, c'est du monde en or, oui ! Et puis il sent la lotion à plein nez, oui ! Et puis il m'énerve, oui ! Et puis c'est tout !

GERMAINE

Enfin, si tu veux être bête avec lui, c'est ton affaire.

MARIE-ANGE
Bien sûr !

GERMAINE
(*A la* TANTE.) Bonjour, mam'zelle Desilets.

LA TANTE
Bonjour, Germaine. Bonne après-midi.

GERMAINE
Merci. (*Elle sort, le cou raide.*)

(*Un temps.* MARIE-ANGE, *ahurie, retombe devant sa lettre et relit distraitement le peu qu'elle a eu le loisir d'écrire jusqu'ici. Puis, d'un geste las, elle froisse la feuille et en prend une autre. Comme la lumière du jour a baissé, elle s'éclaire d'une lampe qu'elle a prise sur le guéridon au bout du divan.*

Pendant le monologue suivant, que la TANTE *débitera en se berçant avec vigueur,* MARIE-ANGE *se réfugiera dans un mutisme rigide. Elle est bien décidée à ne plus rien entendre et à se donner tout entière au souvenir de* TIT-COQ.)

LA TANTE
Au fond, tu as bien raison, Marie-Ange. Notre vie, c'est à nous autres ; du moment que la religion le permet, aussi bien la fricoter à notre goût. A condition de

pas se tromper de recette, comme de raison. Toute la question est là.

Sainte Bénite de guerre ! Au moins si on savait quand elle va finir, il y aurait moyen de faire des plans. Mais non ! J'en causais encore hier avec madame Grondin, la présidente des Dames de Sainte-Anne de la paroisse de Saint-Alphonse. Comme elle disait si bien : « Au train qu'ils sont partis, ils peuvent se tirer aux cheveux encore pendant quinze ans comme rien ! »

Et je te parle en connaissance de cause. Si quelqu'un est en mesure de sympathiser avec toi, ma pauvre enfant, c'est bien moi. Je peux te l'avouer, d'autant plus que tout le monde le sait : j'en ai attendu, moi aussi, un oiseau rare, pendant la guerre de 1914. Quand il est revenu, au bout de quatre ans et demi, il a passé tout dret, l'escogriffe, et il est allé s'établir sur une terre dans l'Alberta !

Je veux pas insinuer que le tien va faire de même. Ah, p'en tout' ! Au contraire, ça se pourrait qu'il te revienne, ton Tit-Coq. Pour le peu que j'en sais, il m'a l'air d'un petit gars de promesse. Quoique ces enfants-là, conçus directement dans le vice, ça me surprendrait qu'ils deviennent du monde aussi fiable que les autres. Autrement, il n'y aurait pas de justice pour les gens faits dans le devoir comme toi et moi.

Je le répète : une fille est libre de courir le risque, mais à condition d'y penser à deux fois.

Parce que si tu savais, ma belle, ce que ça passe vite, notre jeune temps. Ça passe vite ! Il faut être rendu à mon âge pour le savoir. Tu t'endors un beau soir, fraîche comme une rose, sans te douter de rien : le lendemain matin, tu te réveilles vieille fille. Et c'est là que tu commences à te bercer toute seule le dimanche soir, sur le coin du perron !

Et tu peux me croire : la vie de vieille fille, c'est rose par bouts seulement. Et plus ça va, plus les bouts roses sont courts. Tu traînes tes guenilles d'une pension à l'autre. Si tu ne veux pas tomber à la charge des tiens, il faut que tu gagnes ton sel en dehors jusqu'à la fin de ton règne, ton lunch sous le bras, toujours avec la crainte dans le maigre des fesses d'en trouver une neuve à ta place un bon matin !

L'histoire de la nature... on n'en parle pas. Mais, si tu as le malheur d'être faite comme n'importe qui, et si tu n'es pas une fille qui se dévergonde, tu en endures, c'est tout ce que j'ai à te dire !

Oui, ma petite, par moments, c'est loin d'être drôle. Heureusement que dans tout ça le bon Dieu est là, pour égaliser les portions dans l'autre monde.

(MARIE-ANGE *a froissé une couple d'autres feuilles et livre maintenant une lutte désespérée à la lassitude qui l'envahit. Pendant la réplique suivante, elle se lèvera, ira au phonographe et fera tourner le disque dont la musique accompagnait sa dernière danse avec* TIT-COQ.)

A C T E I I

LA TANTE

(*Prise dans sa propre misère, elle n'aura même pas conscience du mouvement.*) Tu tâches de te payer une petite assurance pour te faire enterrer. Et, si tu veux quelques messes pour le repos de ton âme, vois-y toi-même avant de lever les pattes, parce que les neveux et les nièces t'oublieront une demi-heure après le libera. Pourtant, tu te seras tourmentée pour ces enfants-là comme s'ils étaient à toi, au risque de t'entendre traiter de vieille achalante !

(*Devançant une protestation qui ne vient pas.*) Vieille achalante, oui. Ah ! je sais ce que je dis : si tu es gauche au point de vouloir te dépenser pour les autres comme n'importe quelle femme, tu te fais rembarrer d'un coup sec et tu te rends compte que personne n'a besoin de toi sur la terre !

(MARIE-ANGE *est revenue à la table et, la tête appuyée sur le bras, pleure tout bas, pendant que le moulin à paroles de la* TANTE *livre un duel à la musique.*)

LA TANTE

Alors tu rentres dans ton coin, et ça te fait une petite vie ben tranquille. Tellement tranquille qu'à la longue c'en devient énervant. Quand ça te force trop, tu parles toute seule... et les gens te pensent folle !

137

(*Pendant que le rideau tombe.*) Oui, ma fille, attendre un homme, ça demande du pensez-y-bien : on peut se mordre les pouces plus tard, sans que ce soit la faute à personne d'autre...

RIDEAU

TABLEAU III

LE COIN D'UNE SALLE DE LECTURE, DANS UN HÔPITAL MILITAIRE. *Quelque part en Angleterre.*

(JEAN-PAUL, *assis à une table, écrit, sous la dictée de* TIT-COQ. *Celui-ci, le bras droit en écharpe, lui tourne le dos.*)

TIT-COQ

Euh... attends un peu. (*Dictant.*) « Quant à ma cassure, rassure-toi : c'est moins que rien. Dans trois semaines... »

JEAN-PAUL

Hé ! pas si vite. (*Écrivant.*) « Dans trois semaines... »

TIT-COQ

« Dans trois semaines, je tirerai du poignet... euh... du poignet... » (*A* JEAN-PAUL.) Relis donc ça, pour voir si c'est correct.

JEAN-PAUL

(*Reprend.*) « Quant à ma cassure... »

TIT-COQ

(*L'interrompt.*) Non, à partir d'en haut.

139

TIT-COQ

JEAN-PAUL

« Ma chère Marie-Ange... Si la présente lettre est écrite avec les pieds, ce n'est pas de ma faute, vu que c'est Jean-Paul qui l'écrit à ma place... » (*A* TIT-COQ.) Remarque que j'ai été ben bon de te suggérer moi-même de commencer comme ça.

TIT-COQ

Envoye, envoye... Continue !

JEAN-PAUL

(*Lisant.*) « ...car j'ai le bras droit en écharpe depuis trois semaines, à cause d'une maudite cassure bête pendant les manœuvres... » (*A* TIT-COQ.) Maudite, c'est ben ça que tu veux mettre ?

TIT-COQ

Oui, oui !... C'est une maudite cassure bête, c'est tout.

JEAN-PAUL

(*Poursuivant.*) « ...pendant les manœuvres. Je suis allé m'étendre à terre en sautant d'un camion. Ce n'est pas encore avec ça que j'aurai la Croix Victoria... »

TIT-COQ

(*L'arrête, surpris.*) D'où ça sort, cette farce-là ?

JEAN-PAUL

Ben oui, j'ai ajouté ça. Si tu la trouves plate, peut-être qu'elle en rira, elle.

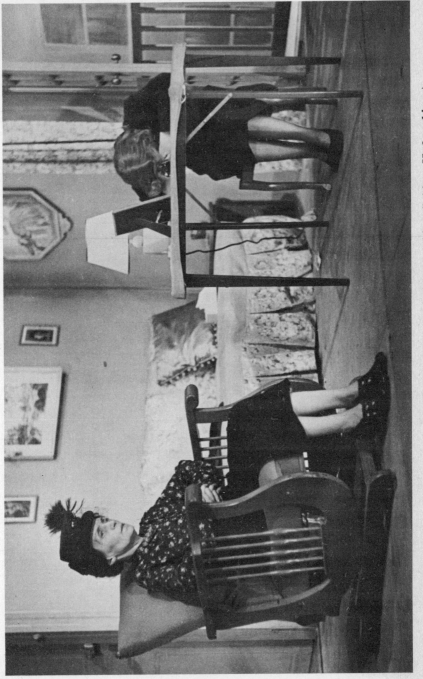

LA TANTE CLARA: "Attendre un homme, ça demande du pensez-y bien..." (*Acte II, 2e tableau*)

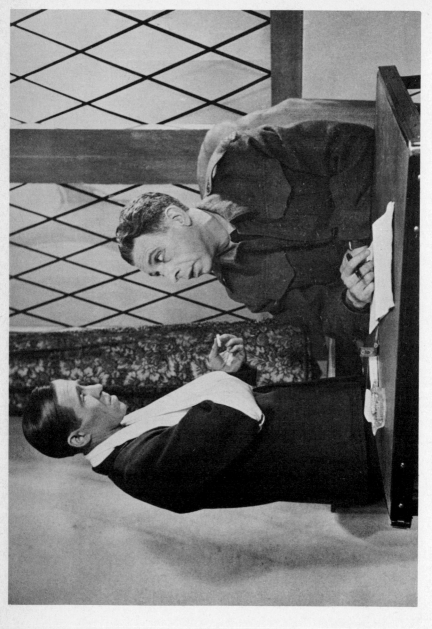

JEAN-PAUL: *"Tu as eu tort de te casser un bras, toi!"* (*Acte II, 3e tableau*)

A C T E I I

TIT-COQ

(*Sec.*) C'est pas le temps d'écrire des folies !

JEAN-PAUL

Bon ! Si monsieur n'aime pas ça, monsieur n'a qu'à le dire.

TIT-COQ

Je le dis, là !

JEAN-PAUL

(*Changeant de ton.*) Si tu es trop de bonne humeur, je peux ben ficher le camp, moi. Je prends mon après-midi de congé pour venir ici écrire une lettre d'amour à ma sœur...

TIT-COQ

Fais ce que tu voudras : t'es libre.

JEAN-PAUL

(*Il considère un instant* TIT-COQ, *qui lui tourne le dos.*) Sacré caractère indépendant ! Ç'a le bras droit dans le plâtre, ça veut donner de ses nouvelles coûte que coûte, c'est mal pris comme une souris dans une trappe et, malgré tout, ça se paye le luxe d'être bête comme ses pieds. (*Conciliant.*) Eh ben ! non, je m'en irai pas. Cette lettre-là, il faut qu'elle parte. Il y a trois semaines que tu es empêché d'écrire ; si ça continue, Marie-Ange va être inquiète.

TIT-COQ

Inquiète ? Peut-être pas tellement.

143

JEAN-PAUL

Marie-Ange ?

TIT-COQ

Oui.

JEAN-PAUL

Tiens ! Qu'est-ce qui te prend ? Tu t'es fêlé le cerveau aussi, en tombant... non ?

TIT-COQ

Je vois clair, c'est tout.

JEAN-PAUL

Qu'est-ce qui te fait dire... ce blasphème-là ?

TIT-COQ

Ah ! elle a changé depuis quelque temps.

JEAN-PAUL

Elle oublie de t'appeler « mon trésor » ? Ou ben elle t'écrit moins souvent ?

TIT-COQ

Elle m'écrit chaque semaine ; seulement c'est entre les lignes qu'il faut les lire, ses lettres. Je sais pas si elle est malade, ou fatiguée, ou en train de me glisser entre les doigts... mais il se passe quelque chose de louche, ça c'est sûr.

JEAN-PAUL

Voyons donc, voyons donc ! Ma sœur, c'est une fille

correcte. Si elle a promis de t'attendre, crains pas, elle va tenir parole.

TIT-COQ

Justement ! c'est peut-être tout ce qui la retient : sa promesse.

JEAN-PAUL

Tu as eu tort de te casser un bras, toi.

TIT-COQ

Oh ! il y a longtemps que ça me trotte dans le crâne. (*Montrant son écharpe.*) Ben avant ça. J'ai même dans mon sac une lettre que je lui ai composée, le mois passé ; je l'ai gardée, mais je l'enverrai, si ça continue.

JEAN-PAUL

Qu'est-ce que tu lui racontes, là-dedans ?

TIT-COQ

Que si le cœur lui en dit, elle est parfaitement libre de changer d'idée, pour ce qui est de m'attendre.

JEAN-PAUL

Ouais... Tu lui enverrais ça, mais tu dormirais tranquille, parce que tu sais ben qu'elle te répondrait : « Je t'aime, je t'aime ! Et je t'attendrai jusqu'au jugement dernier. »

TIT-COQ

(*Têtu.*) En tout cas, je tiens à ce qu'elle sache que de l'amour par charité, ça m'intéresse pas !

JEAN-PAUL

Bon ! Mais penses-y donc encore un peu avant de le jeter à la poste, ton billet doux. Des fois, on veut faire l'indépendant ; on ouvre la porte pour montrer à l'autre qu'elle peut partir, si elle en a envie. Elle reste, ben sûr. Seulement, la porte ouverte fait un courant d'air : elle attrape un torticolis et puis elle souffre, par notre faute. En mettant les choses au pire, ce qui vous arrive, c'est une petite brouille par correspondance. Se bouder, ça se voit même chez les amoureux qui se tiennent les mains sept soirs par semaine. A plus forte raison chez ceux qui sont à trois mille milles l'un de l'autre depuis dix-huit mois.

TIT-COQ

Oui, un an et demi qu'on s'écrit, maudit ! Au commencement, c'était neuf. Chaque enveloppe arrivait comme un dimanche de Pâques. A lire « cachetée avec mon baiser », tu avais une faiblesse au cœur. Et le seul fait de signer une dizaine de croix au-dessous de ton nom dans la réponse te rendait les jambes molles. Mais, quand il y a dix-huit mois que tu en traces, des croix, tu t'aperçois que c'est toujours les mêmes platitudes qui reviennent, vu que tu as lâché l'école à quatorze ans ! Les quelques mots que tu as eu la chance d'apprendre, tu les ressasses depuis longtemps.

JEAN-PAUL

Si c'est des mots nouveaux que tu cherches, je peux toujours essayer de t'en trouver une couple.

146

TIT-COQ

Les gars qui ont de l'instruction parlent de la lune, des étoiles, des nuages... Et tout ce qu'ils touchent tourne en phrases d'amour. Mais moi, quand j'ai écrit : « Je suis fou de toi ! je t'embrasse bien fort ! je t'ai toujours dans la tête ! », quand j'ai écrit ça, moi, je suis vidé.

JEAN-PAUL

C'est déjà ben passable.

TIT-COQ

Mais elle, à l'autre bout, ça fait cinq cents fois qu'elle lit la même rengaine !

JEAN-PAUL

C'est encore drôle ; les femmes, tu sais, ça se pâme pour un rien.

TIT-COQ

Sans compter que ces lettres-là se font attendre un siècle ! Quand l'ennui te prend trop fort, tu sautes sur la plume pour le dire à l'autre. Mais tu te rends compte aussitôt qu'elle lira tes lamentations dans un mois et demi. Et si elle te répond : « Moi aussi, je m'ennuie ! » tu l'apprendras dans trois mois.

JEAN-PAUL

(*Qui veut à tout prix dérider* TIT-COQ.) Ça me fait penser à l'histoire des deux gars pas bavards qui logeaient ensemble. Un beau jour, un des deux se décide...

147

TIT-COQ

(*Poursuivant son idée.*) Si je pouvais donc lui parler trois minutes, face à face ! Je la tranquilliserais pour un an, il me semble, et je me remettrais d'aplomb du même coup. Mais non, toujours rien que ce maudit papier ! (*De son poing gauche, il frappe le fauteuil.*)

JEAN-PAUL

Hé ! Prends garde de te casser l'autre bras, toi.

TIT-COQ

Si tu as envie de me faire rire avec tes farces plates, tu perds ton temps.

JEAN-PAUL

Qu'est-ce que tu veux ? Chacun sa façon de consoler les amis. Si tu aimes mieux l'autre manière, on peut ben se coucher à terre et chialer tous les deux une couple d'heures. Seulement, ça m'étonnerait qu'on soit plus avancés après. (*Sérieux.*) Écoute, Tit-Coq : je te vois déprimé sans raison, je veux te remonter, ça fait que je blague à propos de tout, comme mon père. Je ne suis peut-être pas plus drôle que ma mère, mais au fond je force avec toi et je suis de ton bord cent pour cent ! Tiens, je vais te dire une chose vaseuse : tu es mon frère plus que personne ! Et je serais aux oiseaux pour toi si, un bon matin, je pouvais te servir de père, dans la grande allée, avec une rose à la boutonnière et les cheveux coupés ben ras.

148

A C T E I I

TIT-COQ

Tu es sûr de ça ?

JEAN-PAUL

Certain ! Et tout le monde est de mon avis dans la famille.

TIT-COQ

Oui, hein ? Parce que ma crainte, à vrai dire, c'est qu'ils se mettent tous contre moi, là-bas.

JEAN-PAUL

Je voudrais ben en voir un !

TIT-COQ

Je n'aurais pas un chat pour prendre ma défense, moi !

JEAN-PAUL

Cesse donc de te faire de la bile pour rien. Tu t'es cassé un bras bêtement, ça t'agace, alors tu vois tout en noir. D'autant plus qu'à la suite de cet accident-là tu vas être changé de service ; tu sais qu'on va prendre chacun son côté... et que tu pourras pas m'engueuler pour un bout de temps.

TIT-COQ

(*Contrarié.*) Tu penses que... je vais être transféré, oui ?

JEAN-PAUL

Ah ! sûr et certain ; tu peux compter là-dessus. Seulement, plains-toi pas : pendant qu'on ira se mettre au blanc de l'autre côté de la Manche, tu cours la chance, toi, d'être nommé commis de bar dans quelque mess.

TIT-COQ

Je m'en sacre royalement, de cette chance-là.

JEAN-PAUL

Ouais ! En attendant ce jour béni, il faut qu'elle s'écrive, cette lettre-là. Et moi, je devrai être au camp à cinq heures et quart : j'ai des ordres à donner au commandant... (TIT-COQ *est abîmé dans ses pensées.*) Où est-ce qu'on en était, donc ? (*Relisant.*) « Quant à ma cassure, rassure-toi : dans trois semaines, je tirerai du poignet... » (*Il écrit.*) « Mon plus gros embêtement, c'est que je ne peux pas gesticuler du côté droit en parlant... »

R I D E A U

TABLEAU IV

LA CHAMBRE DE MARIE-ANGE ET DE GERMAINE. *Même décor qu'au dernier tableau du premier acte.*

(LE PÈRE DESILETS, *endimanché, ses lunettes sur le nez et un calepin à la main, est assis près du téléphone. Sa visite sera brève, car il a gardé son foulard sur ses épaules, après avoir déposé sa coiffure et son paletot sur le bout du buffet.*

LA MÈRE DESILETS *est assise à l'avant-scène, son chapeau sur la tête et son manteau rejeté sur le dossier de sa chaise.*

Blottie dans un coin du divan, MARIE-ANGE, *en robe de chambre, file, de toute évidence, un mauvais coton.*

GERMAINE, *à gauche, raccommode une robe de bal pendue à un crochet.*)

LE PÈRE

Germaine, signale-moi donc ce numéro-là, toi. (*Il lui indique sur une page de son calepin.*)

GERMAINE

Certainement.

151

LA MÈRE

(*A* MARIE-ANGE, *pendant que* GERMAINE *compose le numéro au téléphone.*) Quand j'ai vu que ton père s'amenait à la ville voir son spécialiste, j'en ai profité pour venir faire quelques commissions, moi aussi...

LE PÈRE

(*A qui* GERMAINE *a passé le récepteur.*) Allô ! Chez le docteur de Grandpré ?... Je pourrais-t-y lui parler à lui-même ?... C'est ça, mam'zelle, je vas attendre. (*Les vitres vibrent encore du son de sa voix.*)

LA MÈRE

(*Enchaînant.*) A vrai dire, j'étais inquiète de toi, aussi : pas de nouvelles depuis une quinzaine ! Pour achever le plat, ta tante Clara m'écrit que, d'après elle, tu couves quelque bonne maladie.

MARIE-ANGE

Où est-ce qu'elle a pêché ça, elle ?

LE PÈRE

(*Jovial, au téléphone.*) Allô, docteur !... C'est Cléophas Desilets, de Saint-Anicet... Ouais... Vous vous souvenez de moi : j'étais venu vous voir au mois de janvier pour mes reins. Vous m'aviez dit de revenir aux environs des jours gras, si ça n'allait pas mieux... Étant donné que c'est pire, me v'là !... Ben, je suis en ville pour l'a-

152

près-midi, mais il faut que je reprenne le train à six heures et vingt... C'est ça, comptez sur moi : je serai là à quatre heures et quart, avec mon cinq piastres à la main ! (*Il raccroche.*)

GERMAINE

Alors, ça va mal, la santé, monsieur Desilets ?

LE PÈRE

(*Se lève en se tenant les reins.*) Ah !... dans le fond, ça va numéro un. Mais il faut que je me trouve une maladie avant le carême ; autrement la mère va se mettre après moi pour que je jeûne. (*A* MARIE-ANGE.) Il paraît que tu traînes l'aile, toi aussi ?

MARIE-ANGE

(*Les larmes au bord des yeux.*) Je ne suis pas malade ! Où prenez-vous cette idée-là, donc, vous autres ?

LA MÈRE

Pauvre petite fille, si tu te voyais la binette !

LE PÈRE

Si l'ouvrage te force trop, lâche tout et viens te reposer à la maison.

LA MÈRE

Oui, parce que ça doit être ben éreintant de pédaler sur ces machines-là du matin au soir.

(MARIE-ANGE *pleurniche dans son mouchoir.*)

LE PÈRE

Eh ben !... si t'es en parfaite santé, il y a une chose certaine : t'as la larme facile.

GERMAINE

(*Qui rongeait son frein depuis le début, éclate.*) Écoutez, monsieur Desilets, je vais vous le dire, moi, ce qui en est ! Vous allez peut-être me répondre de me mêler de mes affaires. Mais j'ai été assez bonne avec elle depuis qu'on habite ensemble, pour avoir le droit de placer mon mot, une fois de temps en temps.

MARIE-ANGE

Tu avais promis de garder ça pour toi !

GERMAINE

Possible, seulement c'est rendu tellement loin que je me ferais un crime de le cacher plus longtemps.

LE PÈRE

Qu'est-ce qu'il y a qui cloche ?

GERMAINE

Il y a qu'elle se meurt d'aller danser, cette enfant-là. Il y a que, depuis plus d'un an et demi que son Tit-Coq est parti, elle vit renfermée comme une belette dans son trou. Elle ne sort pas, elle ne parle à personne... Par-dessus le marché, elle qui aurait pu se manger en salade pour danser, elle est allée promettre bêtement de s'en

priver aussi longtemps qu'il serait là-bas, avec le résultat
que, là, c'est plus fort que ses forces de tenir sa promesse !

MARIE-ANGE

(*Dans son mouchoir.*) Pas vrai !

GERMAINE

Oui ? (*Aux parents.*) Eh bien ! la preuve, vous l'auriez eue la semaine passée, si vous aviez été ici. A cause
des convenances, elle m'a accompagnée au mariage de
Françoise Meloche, qui travaillait avec nous autres. Elle
avait rien que l'intention de passer à l'église ; mais, pas
moyen de s'en déprendre, il a fallu suivre jusqu'à la
réception. Et là — soit que le verre de vin lui ait monté
à la tête, soit que le bon Dieu l'ait voulu — elle s'est
laissé gagner pour une danse. Eh bien ! croyez-le ou non,
elle est revenue ici tout à l'envers, comme un ivrogne
qui aurait mis le nez dans la bouteille après un an de
tempérance. C'est depuis ce temps-là qu'elle renifle.

LE PÈRE

(*Pensif.*) Ouais !

GERMAINE

Et aujourd'hui vous tombez bien mal. C'est le samedi
gras, elle me voit préparer ma robe pour une grande
soirée de danse à la salle Luxor. Elle sait que Léopold
Vermette va rappeler tantôt, qu'elle a seulement à dire
« oui » pour y aller, elle aussi, et tourner au milieu de
la place comme une possédée jusqu'à la messe de cinq

heures et demie demain matin. Vas-y donc, espèce de petite folle ! C'est pas tromper un homme que de danser une fois de temps en temps avec un autre !

MARIE-ANGE

Ça m'embête de danser avec un garçon que je n'aime pas !

LA MÈRE

L'amour... l'amour ! Pour ce que ça veut dire, après tout ! Je t'assure qu'à ton âge on s'en fait ben plus qu'il y en a. Ça sort du couvent, ça tombe dans les bras du premier venu et, ensuite, ça n'en voit plus clair.

GERMAINE

Elle vous a montré ce qu'il lui a écrit, dans sa dernière lettre ? Il lui disait : « Tu sais, tu es toujours libre... Faudrait pas te croire obligée de m'attendre, seulement parce que tu me l'as promis... C'est de l'amour que je veux, pas de la charité... » Enfin, trois pages de caresses à rebrousse-poil de ce genre-là. Pauvre petite, va ! Il est peut-être en train de se tailler une porte de sortie de son côté. Bondance ! les journaux en sont pleins, de ces mariages de soldats canadiens avec des Anglaises, des Françaises, des Hollandaises et le bon Dieu sait qui ! (*Vidée, elle retourne à sa robe.*)

LE PÈRE

(*A* MARIE-ANGE.) Écoute, Marie-Ange : t'es ben sûre de l'aimer, ton Tit-Coq, hein ?

MARIE-ANGE

(*La tête perdue.*) Ah !... j'en suis au point que... je suis tellement embrouillée, moi... Vous achevez de me rendre folle avec vos tracasseries... Au lieu de m'encourager, tout le monde est contre moi !

LE PÈRE

(*Qui ne badine plus.*) Ben non, ma fille ! Je comprends que t'as de la peine, mais faudrait pas que tu dises des folies. On n'est pas contre toi ; on t'aime ben trop pour ça. Seulement, mets-toi à notre place, pour une minute : ta mère et moi, on lui en veut pas le moindrement à ce jeune homme-là...

LA MÈRE

...mais on n'est pas amourachés de lui, nous autres !

LE PÈRE

Eh non ! Ça fait qu'il est ben possible qu'on le voie pas tout à fait du même œil que toi. Pour nous autres, c'est un petit soldat qui est venu passer quelques jours à la maison, au temps des Fêtes, l'hiver d'avant. Il nous a fait l'effet d'un bon diable, ben sympathique. Seulement on savait pas d'où il venait... et on le sait pas plus.

MARIE-ANGE

C'est pas de sa faute s'il est sans famille.

LE PÈRE

Non... C'est pas de sa faute ; on aurait le cœur à la mauvaise place de le penser. D'un autre côté, il est ben difficile de prendre ça pour une garantie en sa faveur.

LA MÈRE

Il t'a fréquentée quelques semaines et, là, depuis quasiment deux ans, il est allé se battre à l'autre bout du monde. Si jamais il en revient, le bon Dieu est tout seul à savoir quand ça va être... et comment !

LE PÈRE

Pendant ce temps-là, on te voit te morfondre et te tourner les sangs à cause de lui. On n'est peut-être pas ben fins, mais on t'aime : alors blâme-nous pas d'avoir du chagrin.

LA MÈRE

Oui... et de vouloir t'aider du mieux qu'on peut, en pensant à ton bien avant tout ! (*Elle pleurniche.*)

LE PÈRE

Mais, malgré ça, si tu es ben sûre de l'aimer, ce petit gars-là, attends-le tant que tu voudras et marie-toi avec. Après tout, ta vie, c'est à toi ; tu as ben le droit de l'arranger à ton goût. Ta mère et moi, dans le temps, on a fait ce qu'on a voulu de la nôtre, sans te demander permission. Seulement, ce que Germaine disait tantôt, c'est plein de bon sens : il faudrait que tu sortes un peu.

LE PERE DESILETS: "Es-tu ben sûre de l'aimer, ton Tit-Coq?" (*Acte II, 4e tableau*)

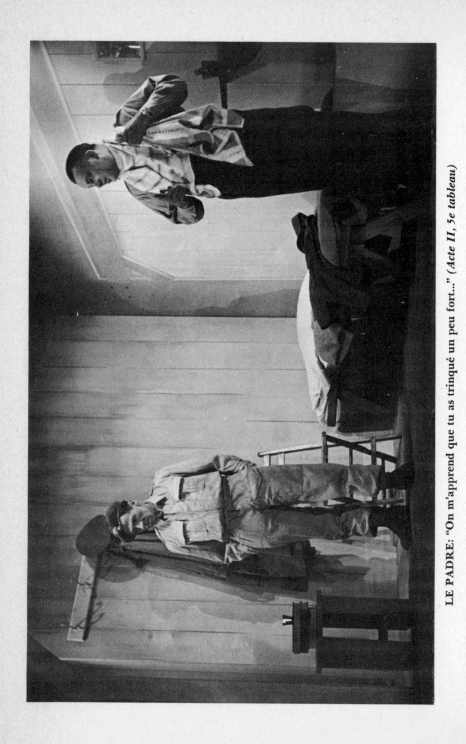

LE PADRE: "On m'apprend que tu as trinqué un peu fort..." (*Acte II, 5e tableau*)

LA MÈRE

On n'a encore rien contre lui, ton Tit-Coq, mais on serait loin de le bénir si on te voyait dépérir à cause de lui et te rendre malade pour de bon !

LE PÈRE

Ça fait qu'à soir, si tu veux mon avis, tu vas sortir ta gaîté des boules à mites, tu vas te mettre sur ton trente-six et tu vas aller leur montrer comment ç'a le tour de frétiller dans la place, une petite Desilets de Saint-Anicet.

GERMAINE

(*Paraît avec la robe de bal de* MARIE-ANGE.) En tout cas, comptez sur moi : je vais vous la pomponner, le temps de crier « domino » !

MARIE-ANGE

(*Essuyant ses larmes.*) J'ai pas de robe à mon goût.

GERMAINE

(*Catégorique.*) Celle-là va faire !

LA MÈRE

Encore une fois, si tu as les idées trop noires, laisse l'ouvrage et viens passer quelques jours à la maison avec nous autres.

LE PÈRE

Comme de raison ! On est encore capables de te faire vivre, tu sais, en se privant un peu. D'abord, ça fera seulement du bien à ta mère de manger moins. Et puis ça coûtera moins cher que d'élargir les portes à cause d'elle.

(*La sonnerie du téléphone interrompt une vague protestation de la* MÈRE.)

GERMAINE

(*A l'appareil.*) Allô !... Oui, attends un peu, Léopold : il y a une bonne nouvelle pour toi. (*A* MARIE-ANGE.) Arrive !

LE PÈRE

(*La poussant dans le dos.*) Envoye, envoye ! Autrement, morsac ! je te donne des tapes sur les fesses, comme quand t'étais petite, belle comme un cœur, ben gâtée parce que t'étais la dernière de la famille... (*Subjuguée,* MARIE-ANGE *se laisse conduire au téléphone.*) ...et que tu te roulais à terre pour qu'on te mette un peu de cassonade après ta suce !

MARIE-ANGE

(*D'une voix terne, à l'appareil, pendant que le rideau tombe.*) Allô...

RIDEAU

TABLEAU V

LA CHAMBRE DU PADRE. *Dans un camp de rapatriement, quelque part en Angleterre. Table, lit pliant, caisse de bois servant de tabouret, etc.*

(*Le* PADRE, *en bras de chemise, finit de se raser ; sur la table, miroir, savon à barbe, blaireau, etc. Sur le lit, sa valise, ouverte mais non défaite, indique qu'il vient de prendre possession de la chambre. Au mur, pendus à un crochet, son képi et son imperméable. Sur une chaise, sa vareuse et son col.*)

(*On frappe à la porte.*)

LE PADRE
(*Le nez dans sa serviette.*) Entrez !

TIT-COQ
(*Paraît. Il porte le costume des soldats au cachot.*)

LE PADRE
Bonjour, Tit-Coq !

TIT-COQ

Ah ! ben... (*Il s'arrête, stupéfait.*)

LE PADRE

Surpris, hein ?

TIT-COQ

Oui. (*Si la surprise est heureuse, rien n'y paraît.*)

LE PADRE

(*Le sermonne avec bonté.*) Dis donc, je te félicite :
la première fois en six mois que j'ai la chance de te
voir, je dois te tirer du cachot pour te parler ! (TIT-COQ
se tait, les yeux au plancher et la mâchoire dure.) J'arrive ici tantôt, je m'empresse de prendre de tes nouvelles : on m'informe que tu as trinqué un peu fort, la
semaine passée, que tu as mené un sabbat du diable et
que tu es à l'ombre depuis... Il est plutôt rare qu'un gars
fasse des bêtises au camp de rapatriement, juste avant de
prendre le bateau qui le ramènera au pays. Sans compter
que tu peux ternir ton dossier avec ça.

TIT-COQ

Je m'en sacre : la guerre est finie !

LE PADRE

Oui, la guerre est finie, mais tu es encore dans l'armée et toujours soumis à la discipline.

TIT-COQ

(*Hostile.*) Si c'est pour m'engueuler que vous m'avez fait venir, vous tombez mal, je vous le dis tout de suite !

LE PADRE

Bon ! Pour être si aimable, tu caches sûrement des tracas, toi... Tu n'avais pas coutume de t'enivrer... A moins que tu n'aies bien changé en mon absence. (TIT-COQ *ne répond pas.*) Tiens, prends une cigarette... Ça t'aidera à ouvrir la bouche. (*Il lui en offre une.*)

TIT-COQ

(*Après une seconde d'hésitation, il accepte avec l'avidité d'un fumeur privé depuis une semaine.*)

LE PADRE

Ça va si mal que ça ?... Qu'est-ce qu'il y a ? Allons, parle ! La vie est courte et je suis pressé.

TIT-COQ

En tout cas, avant de retourner là-bas, je veux savoir.

LE PADRE

Savoir quoi ?

TIT-COQ

Ce qui s'y passe : depuis trois mois, j'ai pas reçu une sacrée lettre !

LE PADRE

Ah !

TIT-COQ

Trois mois que j'attends, maudit ! Trois mois que je me casse la tête à essayer de comprendre. Et je veux savoir ! Etes-vous au courant de quelque chose, vous ?

LE PADRE

Mon pauvre vieux, comment veux-tu que j'en sache plus long que toi ?

TIT-COQ

Jean-Paul vous a rien dit ?

LE PADRE

Eh non ! D'ailleurs je l'ai à peine entrevu depuis un mois, lui. Mais pourquoi ne lui as-tu pas écrit ? Il a sans doute reçu des nouvelles de sa famille.

TIT-COQ

Je lui ai envoyé un mot, il y a deux mois, puis un autre, quinze jours après. Il ne m'a pas répondu. Et ça, c'est louche ! On était trop comme les deux doigts de la main pour qu'il me laisse tomber sans raison d'un coup sec.

A C T E   I I

LE PADRE

Il doit y avoir malentendu ; c'est sûrement ce qu'il t'apprendra lui-même tout à l'heure.

TIT-COQ

Qui ça ?

LE PADRE

(*Abat son jeu.*) Jean-Paul. Il sera ici d'une seconde à l'autre. La compagnie C vient à peine d'entrer au camp, et je vous ai fait demander tous les deux en même temps : je voulais vous voir la binette au moment où vous vous tomberiez dans les bras après six mois de séparation. Quand ta punition devait-elle finir ?

TIT-COQ

Demain midi.

LE PADRE

Eh bien ! j'ai obtenu du commandant ta liberté immédiate. De cette façon, vous pourrez passer l'après-midi ensemble. Mais ne fêtez pas votre réunion trop fort, hein ? Si on te relâche sur parole, ce n'est pas pour que tu perdes le nord encore une fois.

(*On a frappé à la porte pendant la dernière réplique.*)

LE PADRE

Oui ! (JEAN-PAUL *paraît.*) Entre, mon Jean-Paul !

JEAN-PAUL

(*Court lui serrer la main.*) Allô, Padre ! Tu parles d'une surprise !

LE PADRE

Et ce n'est pas tout : (*Désignant* TIT-COQ, *à l'écart au fond de la pièce.*) voici un gars qui avait bien hâte de te contempler le bout du nez.

JEAN-PAUL

(*Se retourne et l'aperçoit : sa gaîté se fige.*)

TIT-COQ

(*Fonce sur lui.*) Qu'est-ce qu'il y a ? Quelle mauvaise nouvelle t'as pour moi, toi ?

JEAN-PAUL

(*Perdant contenance.*) J'en ai pas.

TIT-COQ

Tu sais quelque chose : c'est pas pour rien que t'as l'air bête. Tu sais ce qui se passe là-bas et tu vas me le dire !

JEAN-PAUL

Je veux parler au Padre, avant de...

ACTE II

TIT-COQ

(*Blême de rage.*) Non, envoye! En pleine face! Depuis trois mois que je me prépare, je m'attends au pire. (*L'empoignant par les revers de sa vareuse.*) Tu vas me le dire, parce que moi, je ne peux plus vivre comme ça, comprends-tu? Il faut que je sache. Parle, ou je te desserre les dents d'un coup de poing!

JEAN-PAUL

(*Vaincu.*) Eh ben! tant pis, c'est toi qui l'auras voulu. (*Il sort de sa poche une coupure de journal qu'il tend à* TIT-COQ.)

TIT-COQ

(*Y jette un coup d'œil hébété, puis, dans un réflexe incontrôlable, gifle* JEAN-PAUL. *Il s'élance ensuite vers la porte et disparaît.*)

JEAN-PAUL

(*Qui a reçu le coup sans broncher.*) Je voulais que vous lui appreniez l'affaire à ma place : je savais ben que moi, je m'y prendrais mal et que je lui ferais une peine du diable.

LE PADRE

(*Ramasse le papier qu'a laissé tomber* TIT-COQ *et lit à voix basse.*) « Le 24 mai dernier, avait lieu dans la plus stricte intimité, en l'église de... (*Il s'arrête, consterné.*)

169

JEAN-PAUL

(*Humilié.*) Ça n'arrange rien que j'aie honte pour elle !

LE PADRE

Ce n'est pas à toi de la juger, mon pauvre vieux.

RIDEAU

TABLEAU VI

Un coin du « half moon », *taverne des environs. Devant une banquette d'angle, une table ronde garnie de deux verres, d'une bouteille, d'un paquet de cigarettes et d'un cendrier plein de mégots.*

(tit-coq, *assis à la table, est en train de boire. A côté de lui, une racoleuse partage sa bouteille et son infortune. Ils sont déjà gris ;* tit-coq *surtout boit sec et ferme. Elle fait de son mieux pour être à la hauteur de la situation.*)

TIT-COQ

(*Lui versant un coup.*) Bois, maudit ! La vie est belle ! Tu crains que certaines lettres de ta bien-aimée soient égarées et perdues, tu t'inquiètes. Mais un beau jour, la nouvelle arrive et t'es rassuré : elle est tout simplement mariée ! Ça soulage le cœur. L'angoisse te lâche. Bois ! Faut pas en perdre une goutte, de ce bonheur-là. Aide-moi à en jouir, c'est trop pour mes moyens. Comme le disait ma grand-mère maternelle : « Y a toujours des limites à ce qu'un homme soit heureux tout seul ! »

171

ROSIE

(*Perdue.*) Why don't you speak English?

TIT-COQ

Ça, c'est de mes affaires. D'abord, penser à elle en anglais, ça me mêlerait les cartes. Mais t'en fais pas pour ça : entre nous, ce sera à chacun sa langue et à chacun sa religion. Ah ! et puis, tu aurais beau savoir le français d'un bout à l'autre et sens devant derrière, à quoi ça t'avancerait ? Moi-même, je comprends moins que rien à toute l'histoire, parce que j'aurais mis la main au feu qu'elle m'aimait jusqu'à « ainsi soit-il, amen » ! Seulement on se trompe des fois, hein ?

ROSIE

Do you like me, dearie ?

TIT-COQ

Ah oui ! Very much ! Je te connais depuis une demi-heure et déjà je t'adore comme un vrai petit fou. Mais attends donc encore quelques minutes avant de faire des projets d'avenir : sait-on jamais avec cette chienne de vie !

ROSIE

(*Les yeux vides.*) My name is Rosie.

TIT-COQ

(*Ahuri.*) What ?

ROSIE

My name is Rosie.

A C T E   I I

TIT-COQ

(*Distrait.*) Enchanté... Elle, je l'appelais Toute-Neuve.
Et je l'ai donnée à un autre, toute neuve. Maudit fou!

ROSIE

Rosie Martin...

TIT-COQ

Mam'zelle Toute-Neuve! Sois tranquille, c'est un nom
que je te donnerai rarement.

ROSIE

(*Flasque.*) I like you, duckie!

TIT-COQ

Entendu. Seulement ferme ta gueule, tu m'énerves!
(*Enchaînant.*) Et là, tout est fini. Dommage, parce que
j'ai été ben heureux avec elle, moi. Et le plus fendant,
c'est qu'elle prétendait m'aimer. Ouais. Prétendait m'aimer pour l'éternité, même un peu plus... (*A* ROSIE.)
En veux-tu la preuve?

ROSIE

I'll have another one, yes... (*Elle se verse un coup.*)

TIT-COQ

(*Sort de sa poche un paquet de lettres et en prend
une au hasard.*) Tiens... n'importe laquelle! (*Lisant la
date.*) « Dix-huit novembre... » (*A* ROSIE.) Ça fait à
peine huit mois. Écoute ben : (*Il lit.*) « Mon beau

173

Tit-Coq chéri... C'est dimanche aujourd'hui. Ma tante Clara est venue faire un tour, comme d'habitude. Elle se berce en jasant devant moi. Je ne sais pas ce qu'elle dit, je ne veux pas l'écouter : je veux penser seulement à toi, toutes les minutes de la journée. A toi que j'aime plus que tout au monde, mon beau Tit-Coq d'amour, à toi que j'aimerai toujours. J'ai mis ton portrait devant moi... » (*Cessant de lire, à* ROSIE.) C'est comme ça jusqu'au bout ! Un gars qui lit ça, qu'est-ce que tu veux qu'il pense ? C'est pas de l'amour, ça ? C'est pas de l'amour ?

ROSIE

(*Sort de sa torpeur, tout heureuse de reconnaître sa devise professionnelle.*) Yes... L'amôr, tôjours l'amôr...

TIT-COQ

Ah oui !... Toujours, toujours, toujours !

ROSIE

(*Lui roucoule tendrement dans le nez.*) « Tra la la, la la, la la... »

TIT-COQ

(*Déchire la lettre et en lance les morceaux en l'air comme des confettis.*) Belle guidoune, va ! Eh oui ! t'as ben raison : pourquoi se casser la tête quand la vie est si simple ? (*Ils sont là, les yeux dans les yeux, comme deux amoureux.*)

ROSIE

Are you sure you like me ?

TIT-COQ

Entre nous deux, tu m'écœures. Je pensais pourtant en avoir fini pour la vie avec des putains de ton espèce ! Tu me rappelles mon jeune temps... avant le commencement du monde.

ROSIE

If you don't like me, tell me before it's too late in the evening...

TIT-COQ

Toi aussi, t'as peur de perdre ton temps à attendre, hein ? Vous êtes ben toutes pareilles, vous autres, les femmes ! Passer d'un homme à l'autre... Des fois ça se fait dans la même nuit, comme pour toi ; des fois ça prend plus de temps, comme pour elle, mais à la longue vous finissez toujours par là !

ROSIE

(*Suave.*) Darling, you have the money, haven't you ?

TIT-COQ

The money ? (*Il sort de sa poche une poignée de billets de banque et lui en plante un dans le corsage.*) Tiens ! T'es tranquille et satisfaite, là ? (*Rassurée, elle s'est collée contre lui.*) Toi, tu m'aimes, c'est pas ordinaire ! Ça fait chaud au cœur d'être entouré de tendresse comme ça.

ROSIE

You're cute ! (*Elle lui passe le bras autour du cou.*)

175

TIT-COQ

(*La remet carrément à sa place.*) Donnes-en pas plus que le client en demande, hein ? Je te ferai signe quand le moment divin sera venu... si jamais il vient ! (*Il chantonne l'air sur lequel il a dansé avec* MARIE-ANGE *à la fin du premier acte.*)

ROSIE

(*Le nez dans son verre, entonne de son côté.*) « Roll out the barrel... We'll have a barrel of fun !... »

TIT-COQ

(*Apercevant quelqu'un.*) Femme, cache la boisson : v'là monsieur le curé ! S'en vient faire sa visite de paroisse. (*Comme le* PADRE *paraît à droite.*) Ah ! bonjour, cher ami. Bienvenu dans notre modeste mais coquet petit home ! (*A* ROSIE.) Chérie, comment tu t'appelles, toi, déjà ? Ah oui, Rosie !... Rosie, offre donc une chaise à monsieur l'abbé. (*Il la pousse hors du banc.*)

ROSIE

(*Se trouve face à face avec le* PADRE.) Oh ! a priest... My Gawd !

LE PADRE

(*Lui glisse un bank-note dans la main.*) Now you run along, like a good girl.

ROSIE

(*Estomaquée.*) Well, well... Thank you ! (*Sous le nez*

du PADRE.) Alleluia, alleluia ! (*Son verre à la main, elle sort en chantant.*) « Roll out the barrel !... »

TIT-COQ

(*Se versant une rasade.*) Bye-bye !

(*Le* PADRE *s'assoit à la place de la fille.*)

TIT-COQ

Encore une séparation pour la vie. Tu as ben fait de t'amener : cette pauvre jeune vierge anglaise était en train de s'amouracher de moi, éperdument. Et je serais parti, laissant un autre cœur brisé dans mon sillage. Parce que j'ai toujours été un gars chanceux, moi. Ç'a commencé le jour de ma naissance : il était né, enfin, l'enfant tant attendu. Un bel avorton de quelques livres et quart ! Et ce fut une longue allégresse qui secoua la Miséricorde, du chapelain à la mère supérieure... Encore un peu et on me nommait « Désiré » !

(*Il a fini sa cigarette, veut en prendre une autre, mais trouve son paquet vide. Le* PADRE, *qui a suivi son geste, lui en offre une et la lui allume.*)

TIT-COQ

Hé ! pourquoi tu me tournes autour, toi ? Si c'est pour faire la charité et ramasser des mérites pour le ciel, sacre-moi la paix ! Parce que moi, vois-tu, j'ai été élevé par charité, nourri par charité, changé de couches pour l'amour du bon Dieu pendant trois ans, par des sœurs qui n'avaient même pas le droit de nous montrer de l'affection : c'était contre les règlements. Et, pour comble de malheur, quand j'ai été aimé, ç'a été par charité. (*L'œil méchant.*) Ça fait que j'en ai plein le dos et deux pieds par-dessus la tête, de la charité, comprends-tu? Si c'est pour ça que tu t'occupes de moi, décolle! Ton âme, on te la sauvera une autre fois.

LE PADRE

Il n'est pas question de ça. Je suis venu te voir par amitié.

TIT-COQ

Dans ce cas-là, passe au salon, t'es le bienvenu! Qu'est-ce que c'est, ton nom de baptême, toi, déjà?

LE PADRE

Louis.

TIT-COQ

Eh ben! Tit-Louis, vire ton collet de bord et viens prendre un coup avec moi. Tu m'as connu dans le temps où je tâchais de faire le bon petit garçon; seulement c'est fini, ça. Et tu vas te rendre compte que je peux être aussi amusant que n'importe qui. Ah oui! parce que, un moment, j'ai essayé d'avoir de l'idéal, figure-toi. J'en avais de l'idéal, que j'en dégouttais! Prenais pas un verre, ramassais mon argent pour m'acheter une couchette de noces. Je voulais être un homme comme tout le monde, moi, le petit maudit bâtard! (*Il chante à tue-tête.*) « Mais j'en reviens ben, d'ces affaires-là! »

178

(*Au* PADRE.) Parce que l'amour, Tit-Louis, l'amour jusqu'au trognon comme dans les romans, ça vaut pas de la chiure de mouches! Les filles à tant de l'heure, c'est encore ce qui se fait de plus sûr. Au moins, avec elles, tu sais à quoi t'en tenir. (*Il vide son verre au nez du* PADRE *qui l'écoute, navré.*) Sais pas ce que je vais faire de mon corps, maintenant... A moins que j'entre en religion. Ça se porte beaucoup, après les grandes déceptions. (*La voix pleine d'une onction cléricale.*) « Révérend frère Tit-Coq, vos parents vous demandent au parloir. » (*Il s'esclaffe, puis se verse un coup.*) Hé! trinque donc, toi. Ah oui! c'est vrai, t'as pas de verre... (*Il appelle.*) Waiter! Où est-ce qu'il est fourré, lui?

LE PADRE

Je trouve que tu bois beaucoup. Tu ne crains pas d'être malade demain?

TIT-COQ

Malade? Je compte là-dessus. Malade comme un cochon! Ça va me faire une belle distraction. La boisson, tu sais, c'est comme l'amour : l'effet passe vite, mais le temps que ça dure, la vie est belle! (*Il gueule.*) « O sole mio... » (*Épuisé, il s'affaisse, la tête sur le bras.*)

LE PADRE

Tu ne crois pas qu'il vaudrait mieux aller finir ça au camp? Là, tu pourrais boire à ton goût et te coucher quand tu serais fatigué.

TIT-COQ

Ouais... Parce que moi, si j'avais moins de plaisir, je dormirais cinq minutes.

LE PADRE

Viens donc ! D'autant plus que tu dois partir demain midi pour aller prendre le bateau. Il te faudra être sur le pont en même temps que les autres. (*Il se lève et le prend doucement par le bras.*)

TIT-COQ

(*Se laissant faire.*) Ben oui ! c'est vrai : on retourne dans nos foyers demain, avec la satisfaction du devoir accompli. Je vas arriver là-bas attendu à bras ouverts, vu que la Croix-Rouge sera à la gare... avec du café et des beignes, servis par de longues femmes sèches ! Après ça, débandade et règlement de comptes. Ah oui ! parce que, cette histoire-là, c'est pas fini, tu sais. C'est pas fini, entends-tu ça ?

LE PADRE

(*Cherche à l'entraîner, après avoir laissé un pourboire sur la table.*) C'est bien. On en reparlera.

TIT-COQ

(*Le repousse, écumant de rage.*) Non ! On n'en reparlera pas. On n'en reparlera plus jamais, étant donné qu'à partir d'aujourd'hui vous allez disparaître de devant ma face, toi et le beau-frère manqué. Il est peut-être innocent, lui, dans tout ça, mais je pourrai jamais lui pardonner le grand plaisir qu'il m'a fait en m'apprenant cette nouvelle-là. C'est, entre nous, un de ces liens qui nous séparent pour la vie ! Ça fait que j'ai fini de lui voir la fiole. La tienne avec. Compris ? Et si on n'est pas sur le même bateau, tant mieux ! Comme ça, vous pourrez rire de moi à votre aise. Parce que, dans le fond, ça doit être drôle. (*Il ricane.*) Ah oui ! c'est toujours drôle de voir quelqu'un tomber sur le derrière, même s'il se casse l'os mignon.

LE PADRE

Viens... viens !

TIT-COQ

Seulement profitez-en : ça sera drôle rien qu'un temps. (*Solennel.*) Car Dieu, qui nourrit les pauvres petits oiseaux abandonnés, ne peut pas les empêcher, le moment venu, de lâcher leur crotte !... Et c'est là qu'il y aura des pleurs et des grincements de dents ! Pas de mon bord. Ah non ! De mon bord, ça va rire à mon tour. Ça va rire jaune, mais ça va rire ! En maudit bout de crime que ça va rire, comprends-tu ?

(*Son ricanement s'est changé en un sanglot. Et c'est une loque bien pitoyable que le* PADRE *traîne hors de scène pendant que le rideau tombe.*)

RIDEAU

TROISIÈME ACTE

TABLEAU I

A LA PORTE, CHEZ GERMAINE. *Même décor qu'au quatrième tableau du premier acte. La scène est sombre ; seul un réverbère éclaire l'entrée.*

(GERMAINE, *venant de gauche, se dirige vers la porte. Comme elle met la clef dans la serrure,* TIT-COQ *sort de l'ombre, à droite.*)

TIT-COQ

Allô, Germaine.

GERMAINE

(*Sursaute.*) Mon Dieu ! que j'ai eu peur.

TIT-COQ

Eh oui ! Un revenant, ça fait toujours drôle.

GERMAINE

(*La surprise lui a coupé le souffle un instant.*) Bonsoir, Tit-Coq.

TIT-COQ

J'ai sonné tantôt... sans que tu répondes, évidemment. Ça fait que j'ai décidé d'attendre.

GERMAINE

(*Mal à l'aise.*) C'est ça.

TIT-COQ

J'ai appris que tu logeais toujours ici.

GERMAINE

Oui, j'ai gardé l'appartement seule quand... (*Elle hésite.*)

TIT-COQ

...Marie-Ange s'est mariée, Marie-Ange s'est mariée! Dis-le. Pourquoi te gêner? C'est bien simple!

GERMAINE

Tu ne montes pas?

TIT-COQ

Non, merci. Pour les visites de cérémonie, je repasserai.

GERMAINE

(*D'une voix qu'elle voudrait sereine.*) Qu'est-ce que je peux faire pour toi?

A C T E   I I I

TIT-COQ

Tu t'en doutes ben un petit brin ?

GERMAINE

(*Candide.*) Non...

TIT-COQ

Jean-Paul a eu la chance de débarquer une journée avant moi ; alors il a dû vous mettre au courant de mes projets, sans même prendre le temps de jeter son sac à terre.

GERMAINE

Eh ! non...

TIT-COQ

(*Incrédule.*) Ben, voyons donc !

GERMAINE

Ma grand-conscience !

TIT-COQ

Ouais ! Comme de raison, t'es prise de court, tu te demandes sur quel pied danser, ça fait que tu cries « ma grand-conscience », mais personne te croit. (*Devant le silence de* GERMAINE *:*) Bon ! si tu tiens à faire l'innocente jusqu'au bout, je vais ben être obligé de te le dire en blanc et noir : je veux la revoir.

GERMAINE

Marie-Ange ?

TIT-COQ

Oui.

GERMAINE

Pauvre toi, elle est mariée ! Qu'est-ce que ça va te donner ?

TIT-COQ

Rassure-toi : je n'ai pas l'intention de me pendre après elle. Seulement, les bons comptes font les bons amis. Et, comme c'est là, mon compte est en souffrance, ce qui pourrait être dangereux pour notre amitié.

GERMAINE

Ça veut dire quoi, ça ?

TIT-COQ

Que je tiens à lui débiter ce que je pense d'elle.

GERMAINE

C'est une bien petite consolation.

TIT-COQ

Les temps sont durs : on prend ce qui passe.

GERMAINE

(*Cherchant une échappée.*) Elle ne pourra pas venir, Marie-Ange, parce qu'elle est en voyage...

TIT-COQ

(*Vivement.*) Où ça ?

A C T E   I I I

GERMAINE

Heu... Bien...

TIT-COQ

Ben, t'as menti ! Je regrette infiniment, mais t'as menti ! Tu y as pensé un peu trop tard, à celle-là. Mieux que ça, je vais te tirer les cartes, moi, et t'apprendre que vous avez passé la soirée ensemble, à vous demander quelle gueule vous feriez, si jamais je reparaissais au tableau. Seulement, vous m'attendiez moins vite. Non ! tu sais ben qu'elle est en ville : elle, quitter son cher mari comme ça ? Ben non !

GERMAINE

(*Qui croit bien faire.*) Justement, il est loin, son mari.

TIT-COQ

Pas vrai qu'ils sont déjà chacun de leur bord ?

GERMAINE

Non, mais il a reçu son appel militaire, il y a deux mois.

TIT-COQ

Ah ! ben, ça c'est dommage en maudit. Alors, il est dans l'armée, lui aussi ? Ça, c'en est une bonne ! Où est-ce qu'ils l'ont casé ?

GERMAINE

Il est cantonné quelque part en Ontario.

TIT-COQ

Pauvre garçon ! Ç'a dû être une corvée de le sortir de la couchette, hein ? (*Il ricane.*) Oui, elle est bonne, celle-là. Le bon Dieu est plus juste qu'on pense, après tout. (*Amer.*) Grand fanal, va ! Fils à papa ! Belle famille d'hypocrites respectables ! Grosse poche d'argent sur le dos ! Tournait alentour depuis longtemps, le salaud ! J'espère qu'elle a gardé les brouillons des lettres d'amour qu'elle m'envoyait : ça doit lui faciliter la tâche de lui écrire qu'elle l'adore.

GERMAINE

Pour en revenir à Marie-Ange...

TIT-COQ

(*Tranchant.*) Pour en revenir à Marie-Ange, partie ou non, tu lui diras que je veux la voir.

GERMAINE

Je peux te répondre tout de suite qu'elle ne voudra pas te rencontrer.

TIT-COQ

Ah bon ! Si elle préfère ne pas se déranger, elle, je peux ben faire tout le chemin, moi. (*Il sort un papier de sa poche et lit :*) « Madame Léopold Vermette, 3217, rue des Érables. » (*A GERMAINE.*) C'est ben ça, son adresse ? Et puis, si mon tuyau est bon, c'est celle des beaux-parents Vermette aussi ? Si elle tient à ce que j'aille jouer ma petite scène là, il y a toujours moyen de s'entendre.

GERMAINE

Tu ferais du chantage ?

TIT-COQ

Quand on n'a pas le choix, on fait ce qu'on peut, hein ?

GERMAINE

Il y a de la police, tu sais, contre ces manigances-là.

TIT-COQ

Ah oui ! envoyez donc : ça ferait un sacré beau procès. Si l'intimité du jeune ménage peut y gagner, je suis en faveur cent pour cent ! (*La colère lui a fait élever la voix.*) Vous avez l'air d'oublier que j'ai rien à perdre, moi, dans tout ça.

GERMAINE

Pas si fort ! Qu'est-ce que les voisins vont dire ?

TIT-COQ

(*Éclatant.*) Je m'en sacre pas mal, des voisins, moi. En fait, je me sacre pas mal de tout le monde !

GERMAINE

(*Qui perd de plus en plus contenance.*) Où est-ce que tu voudrais la voir ?

TIT-COQ

En haut, ici. C'est confortable et discret tant qu'il faut. D'ailleurs on a déjà été tellement heureux là-dedans : pourquoi changer de local ? Elle peut être tranquille, je lui ferai pas de mal ; je la toucherai pas, je l'approcherai même pas. On va se parler entre quatre-z-yeux, rien de plus. Après, ni vu ni connu, je fiche le camp de par ici.

GERMAINE

(*Capitulant.*) Enfin, je lui ferai le message.

TIT-COQ

C'est ça. En haut, demain soir, à huit heures. Et je t'avertis : que Jean-Paul se mêle de ses affaires, ou il y aura du cassage de vitres ! Quant à toi, tu pourras aller prendre l'air dans le corridor. Pas qu'on ait des gros secrets à se dire. Mais j'ai l'impression qu'elle aimera autant être seule à m'entendre ; elle aura assez honte comme ça. D'ailleurs ça va se faire vite. Cinq minutes au plus. Juste le temps qu'il faut pour arracher une dent pourrie. Une dent qui peut agacer longtemps, si on la néglige... et faire un abcès. T'as compris ?

GERMAINE

Oui, j'ai compris.

TIT-COQ

Alors je n'ai plus rien à dire. Bonsoir ! (*Il tourne les talons et sort.*)

R I D E A U

TIT-COQ: (Il lit.) 'Mon beau Tit-Coq chéri... C'est dimanche aujourd'hui...'

TIT-COQ: "Juste le temps qu'il faut pour arracher une dent pourrie..." *(Acte III, 1er tableau)*

TABLEAU II

LA CHAMBRE DE GERMAINE. *Même décor qu'au dernier tableau du premier acte. Cependant certains meubles et accessoires ont pu changer par suite du départ de* MARIE-ANGE.

(*C'est le soir.* GERMAINE, *seule en scène, est au téléphone.*)

GERMAINE

(*Nerveuse, à l'appareil.*) Ouais !... Ouais !... Eh bien ! tu sauras, Jean-Paul, que les « peut-être ben » et les « t'aurais dû », il est trop tard pour ça. D'ailleurs j'y ai repensé, moi aussi, toute la journée et, à mon avis, c'est le seul moyen d'en sortir. Si Marie-Ange avait refusé de le rencontrer, cherche quel tapage il aurait pu mener. Là, il va la revoir tantôt, il va se vider le cœur et ensuite, comme il disait hier : ni vu ni connu... Ah ! pour moi, tu fais mieux de ne pas te montrer ; tout ce que tu gagnerais, ce serait d'envenimer les choses, tu le sais... Oui ? Qu'est-ce que tu pourrais tant changer ?... Ah ! lui casser les reins, lui casser les reins, c'est des arguments d'homme bête, ça !... Prends donc sur toi et laisse...

(*Coup de sonnette.*)

GERMAINE

Tiens ! ça sonne à la porte. (*Elle presse le bouton-déclencheur.*) Ce doit être elle. Attends une seconde... (*Elle ouvre la porte et jette un coup d'œil rapide dans l'escalier. Revenant à l'appareil.*) Oui, c'est elle. Excuse-moi... Mon Dieu, mon Dieu !... (*Excédée.*) Bon, comme tu voudras ! (*Bas.*) Mais prends garde à ce que tu vas lui dire, toi ! Elle doit être assez à l'envers comme ça !

MARIE-ANGE

(*Entre. Elle est pâle et s'appuie au chambranle de la porte.*)

GERMAINE

Qu'est-ce qu'il y a ?

MARIE-ANGE

Je viens de l'entrevoir...

GERMAINE

Où ça ?

MARIE-ANGE

Il guettait mon arrivée au coin.

GERMAINE

(*La main sur le récepteur.*) Eh ben ! tu te pâmeras une autre fois : Jean-Paul est au téléphone, il a un mot à te dire.

ACTE III

MARIE-ANGE

Non... je ne veux pas lui parler.

GERMAINE

(*A l'appareil.*) Écoute, Jean-Paul, le temps des discussions est fini. D'autant plus qu'il est déjà rendu au coin, lui... (*Hors d'elle-même.*) Mon doux Seigneur ! tu devrais comprendre qu'on est assez énervées comme ça toutes les deux... Ah ! va donc au bonhomme, si t'es si bête ! (*Elle raccroche violemment.*)

MARIE-ANGE

(*S'est laissée tomber sur une chaise.*) Il a raison : je n'aurais jamais dû venir.

GERMAINE

Pauvre petite fille, tu sais bien que tu n'avais pas le choix.

MARIE-ANGE

J'ai peur...

GERMAINE

Mais non, rassure-toi ! Il l'a dit : il te fera pas de mal.

MARIE-ANGE

(*Pour elle-même.*) C'est pas de lui que j'ai peur.

GERMAINE

(*Éclatant.*) Tâche de te remonter un peu, toi ! C'est pas le moment des crises de nerfs. (*Elle est, à sa manière,*

197

aussi troublée que MARIE-ANGE.) Après tout, qu'est-ce qu'il a tant à te reprocher ? Laisse-toi engueuler comme du poisson pourri... Donne-lui raison sur toute la ligne : avec ces caractères bêtes-là, c'est la meilleure manière d'en finir au plus vite.

(*Sonnerie sèche à la porte.*)

GERMAINE

(*Sursautant.*) Mon Dieu, s'il me trouve ici, lui, il m'étripe ! (*Elle se jette un gilet de laine sur les épaules.*) Bon ! je lui ouvre la porte et je monte chez madame Lassonde. Si tu as besoin de moi, frappe deux coups sur le calorifère : je descendrai tout de suite. (*Elle presse le bouton-déclencheur.*) Et t'inquiète pas, hein ? J'ai promis une messe aux âmes du purgatoire si tout s'arrange pour le mieux ! (*Elle sort, laissant la porte entrebâillée.*)

(TIT-COQ *paraît, l'œil méchant, et fonce jusqu'à l'avant-scène, où* MARIE-ANGE *est assise à droite.*

Un temps. Il voudrait parler, mais une émotion grandissante, contre laquelle il lutte de toutes ses forces, lui paralyse la gorge. Ils sont maintenant figés dans un silence de plomb.)

MARIE-ANGE

(*Au bout de quelques secondes interminables, presque tout bas.*) Parle... je t'en supplie !

ACTE III

TIT-COQ

(*Essayant de se ressaisir.*) Ce que j'avais à te dire, c'était clair et net... mais depuis que j'ai mis les pieds ici-dedans... (*Comme il ne trouve pas ses mots, il a un geste indiquant qu'il est perdu. Puis, à travers son trouble :*) Oui... Malgré moi, je pense à ce que ç'aurait pu être beau, cette minute-ci... et à ce que c'est laid... assez laid déjà sans que je parle.

(*Un temps. Puis d'une voix d'abord mal assurée qui, à mesure qu'il reprendra la maîtrise de lui-même, se durcira jusqu'à la colère froide.*) Mais, s'il y a une justice sur la terre, il faut au moins que tu saches que t'es une saloperie ! (*Il s'est tourné vers elle.*) Une saloperie... pour t'être payé ma pauvre gueule de gogo pendant deux ans en me jurant que tu m'aimais. C'était aussi facile, aussi lâche de me faire gober ça que d'assommer un enfant. Avant toi, pas une âme au monde s'était aperçue que j'étais en vie ; alors j'ai tombé dans le piège, le cœur par-dessus la tête, tellement j'étais heureux ! T'es une saloperie ! Et je regrette de t'avoir fait l'honneur dans le temps de te respecter comme une sainte vierge, au lieu de te prendre comme la première venue !

(*Sortant l'album de sa vareuse.*) Je te rapporte ça. Au cas où tu l'aurais oublié avec le reste, c'est l'album de famille que tu m'as donné quand je suis parti... Il y a une semaine encore, j'aurais aimé mieux perdre un œil que de m'en séparer. Seulement je me rends compte aujourd'hui que c'est rien qu'un paquet de cartons communs, sales et usés. (*Il le lance sur le divan.*) Tu le jetteras à la poubelle toi-même !

Maintenant, je n'ai plus rien de toi. A part ton maudit souvenir... Mais j'arriverai bien à m'en décrasser le cœur, à force de me rentrer dans la tête que des femmes aussi fidèles que toi, il en traîne à tous les coins de rue ! (*Il se dirige vers la porte.*)

MARIE-ANGE

(*Sans un geste, elle a tout écouté, la tête basse.*) Non !... Va-t'en pas comme ça. Attends... attends une seconde.

TIT-COQ

(*S'arrête, tourné vers le fond.*)

MARIE-ANGE

(*Après un temps, presque tout bas.*) Je te demande pardon.

TIT-COQ

(*Abasourdi.*) Quoi ?

MARIE-ANGE

Je te demande pardon.

TIT-COQ

(*Il est resté un moment décontenancé.*) C'est aisé de demander pardon, quand le mal est fait... et bien fait.

A C T E   I I I

MARIE-ANGE

Ça ne changera rien, je le sais.

TIT-COQ

Ce qu'il m'est impossible de te pardonner, c'est de m'avoir menti tout ce temps-là, de m'avoir menti la tête collée sur mon épaule.

MARIE-ANGE

Je ne t'ai jamais menti.

TIT-COQ

(*Que la rage a repris.*) Si tu m'avais aimé, tu m'aurais attendu !

MARIE-ANGE

(*De tout son être.*) Je ne t'ai jamais menti.

TIT-COQ

Si c'est la peur que je t'embête qui te fait t'humilier devant moi, tu peux te redresser. Ton petit bonheur en or, c'est pas moi qui te le casserai : je vais disparaître des environs comme une roche dans l'eau. Si tu as eu des torts, la vie se chargera bien de te punir pour moi.

MARIE-ANGE

Je suis déjà punie tant qu'il faut, sois tranquille !

TIT-COQ

Punie ?

MARIE-ANGE

Je ne suis pas plus heureuse que toi, si ça peut te consoler.

TIT-COQ

Quoi ? (*Un temps, où il essaie de comprendre.*) Pas heureuse ? Comme ça, tu es malheureuse avec lui ? A quoi ça rime, ça ?... Il t'aime pas, lui ? Il t'aime pas ?

MARIE-ANGE

Il m'aime.

TIT-COQ

Il t'aime ? Alors pourquoi es-tu malheureuse ?

MARIE-ANGE

(*Qui craint d'avoir déjà trop parlé.*) C'est tout ce que j'ai à te dire.

TIT-COQ

Quand une femme est malheureuse après six mois de mariage, pas besoin de se casser la tête pour en trouver la raison : s'il t'aime, lui, c'est toi qui ne l'aimes pas. (*Pressant.*) Il n'y a pas d'autre façon d'en sortir : c'est toi qui ne l'aimes pas !

MARIE-ANGE

(*Se cache la figure dans ses mains.*)

TIT-COQ

Tu ne l'aimes pas ! Ah ! ça me venge de lui. Il t'a déçue, hein ? Ça me venge de lui. Ben oui ! ça ne pouvait pas se faire autrement ; c'était impossible qu'il te rende heureuse, lui ! (*Se tournant vers elle.*) Alors, si tu ne l'aimes pas — si tu ne pouvais pas l'aimer — ce serait peut-être... que tu en aimes un autre ?

MARIE-ANGE

Je t'en prie, va-t'en !

TIT-COQ

Ce serait peut-être que tu en aimes toujours un autre ? Un autre à qui tu n'aurais jamais menti. Il me faut la vérité, la vérité jusqu'au bout. Il me la faut !

MARIE-ANGE

(*Éclate en sanglots.*)

TIT-COQ

Si c'est vrai, dis-le... dis-le, je t'en supplie !

MARIE-ANGE

(*Malgré elle.*) Oui, je t'aime... Je t'aime ! (*Un temps : elle pleure. Lui reste sidéré par cet aveu.*) Je suis en train de devenir folle, tellement je pense à toi... Je suis en train de devenir folle !

TIT-COQ

Marie-Ange, Marie-Ange !... Pourquoi tu ne m'as pas attendu ?

MARIE-ANGE

Je ne sais pas pourquoi... Je ne sais pas...

TIT-COQ

Pourquoi ?

MARIE-ANGE

Je voulais t'attendre, t'attendre tant qu'il faudrait, malgré le vide que j'avais dans la tête, à force d'être privée de te voir, d'entendre ta voix, de t'embrasser...

TIT-COQ

Moi non plus, je ne pouvais pas te voir, ni t'embrasser.

MARIE-ANGE

Toi, tu avais seulement à te battre contre toi-même. Tandis que moi, au lieu de m'aider à me tenir debout, tout le monde ici me poussait, m'étourdissait d'objections, me prouvait que j'avais tort de t'attendre, que j'étais trop jeune pour savoir si je t'aimais...

TIT-COQ

Les salauds !

MARIE-ANGE

Ils m'ont rendue malade à me répéter que tu m'oublierais là-bas, que tu ne me reviendrais peut-être jamais.

TIT-COQ

(*Rageur.*) Ça me le disait aussi qu'ils se mettraient tous ensemble pour essayer de nous diviser. Ça me le disait.

A C T E I I I

MARIE-ANGE

Ils me l'ont répété tellement, sur tous les tons et de tous les côtés, qu'à la fin ils sont venus à bout de me faire douter de toi comme j'aurais douté du Ciel.

TIT-COQ

Alors, c'est un mauvais rêve qu'on a fait. Un rêve insupportable qui vient de finir. On a rêvé qu'on s'était perdus pour la vie, mais on vient de se réveiller en criant, pour s'apercevoir que c'était pas vrai, tout ça... c'était pas vrai !

MARIE-ANGE

(*Les mains glacées.*) Qu'est-ce que tu veux dire ?

TIT-COQ

(*Tendu.*) Que si tu m'aimes encore, c'est tout ce qui compte. Et que tu es encore à moi, à moi et rien qu'à moi !

MARIE-ANGE

Non, ne dis pas ça !

TIT-COQ

Moi aussi, je t'aime. Je t'aime encore comme un fou ! Je t'aime et je te reprends, comprends-tu ? Je te reprends !

MARIE-ANGE

Non, non ! Il est trop tard... trop tard, tu le sais bien.

TIT-COQ

Il n'est pas trop tard, pas encore.

MARIE-ANGE

Je t'ai trompé bêtement, je ne suis plus digne de toi !

TIT-COQ

Tu viens de le prouver : c'est pas de ta faute. (*Autant pour lui-même que pour elle.*) C'est pas de ta faute, entends-tu ? Je te crois, je te crois ! Et je te crois quand tu me dis que tu ne l'as jamais aimé, l'autre.

MARIE-ANGE

Mais lui... il m'aime, lui !

TIT-COQ

Bien sûr ! qu'il t'aime. C'est facile de t'aimer. Mais tout dépend de ce qu'on entend par là. Il y a bien des qualités d'amour.

MARIE-ANGE

Je t'assure qu'il m'aime.

TIT-COQ

Il a tourné autour de toi une éternité avant que tu acceptes de le voir, hein ?

MARIE-ANGE

Oui.

A C T E   I I I

TIT-COQ

Et il savait pourquoi tu le repoussais, dans ce temps-là. Il savait autant que tout le monde qu'on s'aimait tous les deux par-dessus la tête, hein ?

MARIE-ANGE

(*Qui ne peut nier.*) Oui, il le savait.

TIT-COQ

Bien sûr ! qu'il le savait. Mais un bon jour il a décidé de te glisser un jonc dans le doigt et de t'appeler sa femme, sans s'inquiéter de savoir si tu étais bien à lui ? Sans te demander cent fois si tu ne m'aimais pas encore ? Sans t'assommer de questions, comme je l'aurais fait, moi, à sa place ?

MARIE-ANGE

(*La tête perdue.*) Oui...

TIT-COQ

Oui ! Parce qu'il n'était pas honnête, lui. Parce qu'il avait la frousse, en te parlant trop, de te réveiller avant d'avoir eu le temps de te prendre. Il se contentait de ton corps, en se sacrant bien du reste. Et tu dis qu'il t'aime ? Il te désire, c'est tout ! C'est pas étonnant qu'il t'ait déçue. Non, tu ne peux pas vivre toute ta vie avec un homme qui t'a fait l'affront de te prendre à moitié seulement. Tandis que moi, je t'aime et je te rendrai heureuse, tu le sais, heureuse autant qu'une femme peut être heureuse !

207

MARIE-ANGE

Rends-toi compte de ce que tu demandes...

TIT-COQ

Lui, il a besoin de toi comme n'importe quel autre homme a besoin d'une femme, parce qu'il a toute une famille pour l'aimer, si tu le lâches. Mais moi, je n'ai personne au monde, à part toi...

MARIE-ANGE

(*Faiblissant.*) Je t'en supplie, ne dis pas ça.

TIT-COQ

Sans toi, je suis perdu. Si tu ne me tends pas la main, je coule comme un noyé.

MARIE-ANGE

Tu le sais que je t'aime et que je ferais n'importe quoi pour toi. Mais tout ça, c'est arrivé si vite : donne-moi le temps de réfléchir...

TIT-COQ

Le temps ? Non ! Le temps, le temps, il y a deux ans qu'il travaille contre nous autres. Le temps, c'est lui notre ennemi. C'est lui le traître dans notre affaire. Faut pas lui donner une autre chance de...

(*On a sonné.*)

MARIE-ANGE

(*Affolée.*) C'est Jean-Paul !

A C T E   I I I

TIT-COQ

(*Rapide, va jeter un coup d'œil en bas par la porte du balcon.*)

MARIE-ANGE

Je lui avais dit de ne pas venir.

TIT-COQ

(*Revenant.*) Oui, c'est lui. Et il s'est amené du renfort.

MARIE-ANGE

Qui ?

TIT-COQ

Un curé de mes amis.

(*Nouvelle sonnerie plus impérative.*)

MARIE-ANGE

Je ne veux pas qu'ils montent !

TIT-COQ

Non : il faut les recevoir, sans avoir honte de ce qu'on va faire. (*Il a pressé le bouton-déclencheur et ouvre la porte toute grande.*) On n'aura pas l'air de se sauver comme des voleurs.

(JEAN-PAUL *paraît dans la porte, suivi du* PADRE.)

TIT-COQ

Entrez, y a pas de gêne ! On va se dispenser des bonsoirs et des présentations d'usage, hein ?

JEAN-PAUL

(*Ne répond pas, mais fixe* TIT-COQ *dans les yeux.*)

TIT-COQ

Lequel de vous deux va parler le premier ? Vous avez tiré ça à pile ou face avant de monter ?

JEAN-PAUL

(*Ils sont nez à nez.*) Écoute, Tit-Coq : cette fille-là, un temps, moi aussi je pensais qu'elle deviendrait ta femme, et j'étais ben fier pour toi...

TIT-COQ

Pas de sentiment, s'il vous plaît !

JEAN-PAUL

(*Tranchant.*) Mais, à présent, tu n'as plus affaire à elle. Je te le dis une fois pour toutes.

TIT-COQ

Eh ben ! si tu le prends comme ça, je vas y aller carré : Marie-Ange, je l'aime toujours.

JEAN-PAUL

Ça, je le savais.

TIT-COQ

Mais ce qui t'échappe peut-être, c'est qu'elle aussi m'aime encore.

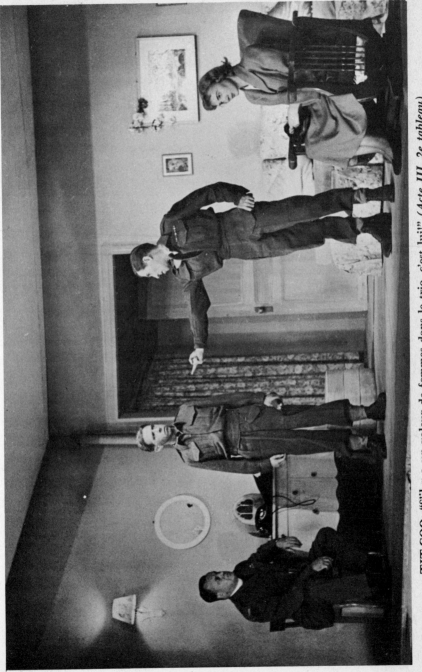

TIT-COQ: "S'il y a un voleur de femmes dans le trio, c'est lui!" *(Acte III, 2e tableau)*

TIT-COQ: "Il resterait l'enfant... l'enfant que tu peux encore me donner."

(Acte III, 2e tableau)

JEAN-PAUL

(*Incrédule.*) Ouais ?

TIT-COQ

Si je l'ai perdue, c'est pas de ma faute, et je viens d'apprendre qu'après tout c'est pas de la sienne non plus.

JEAN-PAUL

Où est-ce que tu veux en venir, toi ?

TIT-COQ

A ça : pour moi, c'est tout ce qui compte... et je la reprends.

JEAN-PAUL

Quoi ?

TIT-COQ

Je la reprends, oui, je pars avec. C'est-y assez clair pour toi ?

JEAN-PAUL

Et tu penses que je vais te laisser faire ?

TIT-COQ

Tu peux toujours essayer de me barrer la route, si ça t'amuse.

JEAN-PAUL

(*Au* PADRE, *qui a suivi la scène du fond de la pièce.*) J'avais deviné juste, hein ? (*A* TIT-COQ.) Mais tu te rends compte qu'elle est mariée, elle ? Mariée ! Tu sais ce qu'il veut dire, ce mot-là, par ici ?

TIT-COQ

Il ne veut rien dire pour moi.

JEAN-PAUL

Et le mari, lui, qu'est-ce que tu en fais ?

TIT-COQ

Le mari ?

JEAN-PAUL

Tu profiterais de ce qu'il est loin pour lui prendre sa femme, comme un voleur ?

TIT-COQ

Que t'es bête ! Et lui, quand il a voulu me prendre ma fiancée, est-ce qu'il m'a envoyé chercher en taxi ? S'il y a un voleur de femme dans le trio, c'est lui. C'est lui, le voleur ! Et le plus drôle de l'histoire, c'est qu'au moment où je reviens, il a été éloigné de la même façon que moi, le voleur. Avec un peu d'imagination, on dirait une permission du bon Dieu — hein, Padre ? — pour me donner la chance de reprendre ce qui m'appartient.

LE PADRE

Ce qui t'appartient ?

TIT-COQ

Ce qui m'appartient, oui. S'il y a une bénédiction de

plus de son côté de la balance, de mon bord à moi il y a le droit que j'avais sur elle avant lui. Il y a l'amour qu'elle a pour moi et qu'elle n'a jamais eu pour lui. Et ça, ça nous marie bien plus qu'un paquet de faire-part et un contrat en trois copies devant notaire.

JEAN-PAUL

Oui, oui ! Seulement, pour partir ensemble, il faut être deux.

TIT-COQ

Oui, il faut être deux.

JEAN-PAUL

C'est elle qui a décidé de te suivre, ou c'est toi qui cherches à l'entraîner de force ?

TIT-COQ

(*Se tourne vers* MARIE-ANGE.) C'est vrai : je t'ai demandé de quitter ton mari pour moi, mais tu ne m'as pas répondu nettement, toi, si tu en aurais le courage. Je n'ai pas le droit de t'emmener de force ; si tu pars avec moi, ce sera de ton plein gré. Tu te rappelles la lettre que je t'avais envoyée, dans le temps... ?

JEAN-PAUL

(*Rude.*) Arrête de l'influencer et laisse-la...

TIT-COQ

(*Les poings serrés, à* JEAN-PAUL.) Ta gueule, toi !

215

C'est pas ta vie qui se joue là, c'est la nôtre, la seule qu'on aura jamais. (*Enchaînant, à* MARIE-ANGE.) Tu te rappelles la lettre où je t'écrivais que tu étais libre de m'aimer ou non, que c'était pas de la charité que je voulais. Ta réponse à cette lettre-là, je l'attends encore : c'est le temps de me la donner aujourd'hui. Si tu acceptes de refaire ta vie avec moi, tout recommencera comme au pied de la porte en bas, le premier soir que je t'ai emmenée danser, la première fois que je t'ai embrassée et que je t'ai appelée « Toute-Neuve ». Si tu refuses, je partirai comme je voulais partir tantôt : pour toujours et sans même faire claquer la porte. Décide, Marie-Ange, décide pour nous deux. (*Il se retire vers l'entrée du balcon.*)

JEAN-PAUL

(*S'approchant de* MARIE-ANGE.) Il a menti, hein, quand il a dit que tu veux le suivre ?

MARIE-ANGE

Je l'aime... et je l'aimerai toujours.

JEAN-PAUL

Mais tu vas pas partir avec lui ?

MARIE-ANGE

Que je l'aime, ça t'est égal : c'est que je le suive que tu ne pourrais pas supporter.

JEAN-PAUL

Une femme qui lâche son mari pour un autre, tu sais ce que ça vaut pour tout le monde ?

MARIE-ANGE

Si je dois avoir honte de quelque chose, c'est de ne pas l'avoir attendu, lui, et d'avoir pris un homme que je n'aimais pas.

JEAN-PAUL

Le père et la mère chez nous, tu as pensé à la peine que tu leur ferais ?

MARIE-ANGE

(*Hésite un instant.*) Oui, je sais qu'ils auront bien du chagrin. Je le regrette, mais tant pis ! Je ne serai pas plus à blâmer qu'eux l'ont été quand ils m'ont jetée presque de force dans les bras d'un autre.

JEAN-PAUL

Ils t'aiment tellement que tout ce qu'ils voulaient, c'était...

MARIE-ANGE

(*L'exaspération lui a fait élever la voix.*) S'ils m'aiment tant que ça, ils seront contents de me voir heureuse.

JEAN-PAUL

(*Qui perd la tête lui aussi.*) Mais ça fait moins d'une demi-heure que tu l'as revu ! C'est impossible que...

MARIE-ANGE

(*Exaltée.*) Oui, Jean-Paul, je le suivrai. Je le dis aussi clairement que je peux. Je le suivrai et je tâcherai de réparer le mal que je lui ai causé. Je le suivrai aussi longtemps qu'il voudra de moi !

TIT-COQ

(*Reprend sa place près de* MARIE-ANGE. *Aux autres.*) Elle me suivra tant que je voudrai d'elle. Avez-vous jamais rien entendu de plus beau ?

JEAN-PAUL

(*Fonce sur lui, blême de rage.*) Si tu pars avec elle, ça sera après que je t'aurai cassé la gueule !

TIT-COQ

Ça, c'est à faire !

JEAN-PAUL

Oui, c'est à faire ! (*Ils sont déjà aux prises.*)

LE PADRE

(*Intervenant.*) Jean-Paul ! Non ! (*Il les sépare.*) Ce n'est pas une solution, ça.

TIT-COQ

(*Désignant le* PADRE.) Il sait ben, lui, que l'amour se tue pas à coups de poing.

A C T E   I I I

JEAN-PAUL

(*Au* PADRE.) Alors on va les laisser partir, sans essayer de... ?

LE PADRE

(*Le poussant vers la sortie.*) Va m'attendre en bas, va.

(JEAN-PAUL *sort.*)

TIT-COQ

(*Bondit vers le* PADRE.) Ah ! vous, il y a longtemps que je vous vois venir du coin de l'œil. Vous allez me parler du bon Dieu et de ses commandements, avec des péchés gros comme le bras au bout : vous pouvez y aller, mais je vous préviens que je vous attends avec une brique et un fanal !

LE PADRE

(*Qui entend rester calme.*) Il ne sera pas question de religion.

TIT-COQ

Non. Parce que le péché, voyez-vous, on a été faits là-dedans, nous autres les bâtards ! C'est notre père, le péché, c'est lui qui nous a mis au monde ; alors on le connaît, et il nous en impose moins qu'au reste de la chrétienté. Le bon Dieu, je réglerai mes comptes avec lui, quand le temps sera venu. Et je suis tranquille : il a l'esprit large, lui, il comprend le bon sens. S'il nous a introduits sur la terre en cachette par la porte d'en arrière, il trouvera bien le moyen de nous laisser entrer au paradis de la même façon.

Et la preuve qu'on doit avoir notre petite loi à nous autres à côté de la grande, c'est que le commandement « Père et mère tu honoreras, afin de vivre longuement » n'a rien à voir avec les gars de ma sorte. Même que, vers l'âge de dix ans, j'ai eu une frousse noire de mourir d'une journée à l'autre, vu que je ne pouvais pas honorer mon père et ma mère. Eh ben ! s'il y a un commandement qui ne me regarde pas, il peut y en avoir deux.

(*Sous le nez du* PADRE.) Le bon Dieu est infiniment juste, d'après ce que vous chantez, hein ? Alors il sera ben forcé d'admettre qu'il m'a bâti avec un cœur pour aimer, moi aussi, même s'il m'a lâché dans la vie tout seul comme un chien perdu. Il sera ben forcé d'admettre que tout ce qu'il m'a donné à aimer, c'est cette enfant-là, et que je n'ai rien fait pour la perdre... et que j'ai droit à mon petit bonheur, autant que n'importe qui... (*Fou de rage.*) et que je la garde, entendez-vous ? Je la garde !

LE PADRE

(*Impassible, après un temps.*) Prends-la.

TIT-COQ

(*Qui croit avoir mal compris.*) Quoi ?

LE PADRE

Prends-la, ta Marie-Ange, et pars avec elle. Oui, c'est vrai : Dieu est infiniment juste...

A C T E   I I I

TIT-COQ

Certain !

LE PADRE

Et quand tu paraîtras devant lui, il ne pourra peut-être même pas t'en vouloir : tu l'auras payé tellement cher, ton petit amour défendu, tellement cher que tu en auras déjà expié tout le mal sur la terre.

TIT-COQ

(*Abasourdi.*) Qu'est-ce que c'est que cette histoire-là ?

LE PADRE

La vérité. (*Se tournant vers elle.*) Alors, Marie-Ange, tu veux quitter ton foyer... ?

MARIE-ANGE

(*Butée.*) Oui.

LE PADRE

...pour suivre un homme dont tu ne seras jamais la femme légalement ?

TIT-COQ

S'il n'y a pas de divorce ici, il y en a ailleurs.

LE PADRE

Dans un cas comme le vôtre, jamais. Même ailleurs, il vous serait impossible de l'obtenir, ce divorce.

TIT-COQ

Ça, c'est à voir.

LE PADRE

Même ailleurs, pour divorcer il faut des motifs. As-tu quelque chose à reprocher à ton mari, Marie-Ange ? (*Devant son mutisme.*) Tu ne l'aimes pas, mais cette raison-là ne serait suffisante nulle part. Dans ces conditions, lui seul pourrait la demander, la dissolution de ton mariage ; même si tu étais prête, pour t'en prévaloir, à renier ta religion, crois-tu qu'il consentirait, lui, à abandonner la sienne dans le seul but de te donner à un autre ?

TIT-COQ

Si la loi est contre nous, on s'en passera !

LE PADRE

Forcément. (*A elle.*) Le geste irréparable que tu vas poser là, ma fille, tu sais qu'il n'est pas beau ; mais, pour ne pas trop en rougir, tu t'arranges une conscience, en te disant qu'au moins tu rendras heureux un pauvre diable qui mériterait bien de l'être.

MARIE-ANGE

Il est tout seul... il n'a que moi au monde.

LE PADRE

(*Sans animosité.*) Eh bien ! tu te trompes : c'est son malheur que tu vas faire, son malheur et le tien.

TIT-COQ

Ça, vous pouvez le dire à votre aise, mais je vous défie de le prouver, par exemple !

LE PADRE

Je sais qu'il sera difficile de vous ouvrir les yeux.

TIT-COQ

Il y a deux heures, je n'avais pas idée de ce qui allait se passer ici, mais vous arrivez peut-être, vous, avec votre petit discours écrit d'avance sur un papier ?

LE PADRE

J'avais prévu à peu près toutes les folies que tu pourrais commettre en la revoyant, même celle-ci.

TIT-COQ

On n'a pas une seconde à gaspiller pour écouter ce qu'on connaît déjà depuis...

LE PADRE

(*Ferme.*) Tu m'écouteras ! C'est votre vie qui se joue en ce moment, tu viens de le crier toi-même à Jean-Paul. Je suis de ton avis : il vaut la peine d'en parler.

TIT-COQ

Bon ! Seulement vous n'êtes pas en chaire ici, on a le droit de rouspéter.

LE PADRE

Mais oui !

TIT-COQ

Si vous voulez m'apprendre qu'on ne peut pas être heureux en ce bas monde à moins d'avoir les deux fesses bien assises sur le perron de l'église, vous perdez votre temps.

LE PADRE

Il ne sera pas question de religion, je le répète.

TIT-COQ

Non ! Parce qu'il en existe des tas de ménages qui n'ont pas de jonc dans le doigt, et ils ne braillent pas à fendre l'âme chaque fois qu'on les rencontre dans la rue.

LE PADRE

Oui... Un autre pourrait peut-être s'en accommoder, tant bien que mal, de la vie qu'elle t'offre, mais toi, jamais.

TIT-COQ

Qu'est-ce que j'ai de si différent, moi ?

LE PADRE

Toi, tu es né à la crèche avec, pour toute famille, ta mère, qui t'a abandonné le jour même de ta naissance.

TIT-COQ

Et après ?

A C T E I I I

LE PADRE

Tu as passé ta jeunesse dans un orphelinat, sans un moment d'affection, sans une caresse, avec un cœur pour aimer comme n'importe qui, oui...

TIT-COQ

Peut-être plus que n'importe qui !

LE PADRE

Un jour, tu as rencontré une petite fille propre, et tu t'es rendu compte que, dès le moment où tu l'épouserais, tu sortirais de ta honte et de ton isolement pour devenir un homme aimé et respecté ; tu aurais une parenté, la sienne, la plus belle au monde. Celle que tu me montrais fièrement dans l'album que tu portais tout le temps sur toi, là-bas...

TIT-COQ

Qu'est-ce que vous allez déterrer là, vous ?

LE PADRE

Dès ce moment, tu t'es juré, au plus profond de ta volonté, que tu ne connaîtrais jamais d'autre bonheur que celui-là. (*A elle.*) Peux-tu encore le lui offrir, Marie-Ange, ce bonheur-là ?

TIT-COQ

(*A* MARIE-ANGE.) Écoute-le pas : tout ça, c'est un conte qu'il invente !

LE PADRE

Tu peux nier devant elle, tu peux te mentir à toi-même, mais tu sais que c'est vrai. Veux-tu que je te rappelle tes propres paroles ?

TIT-COQ

Vous vous souvenez de ce que j'aurais dit il y a un siècle ?

LE PADRE

Oui, tellement j'étais touché de t'entendre. Un beau soir, tu serais l'homme le plus important de la terre, tu réaliserais ton rêve le plus ambitieux, car tu t'en irais embrasser ta famille, avec dans tes bras la merveille des enfants et à tes côtés ta femme, ta femme à toi ; une petite femme toute neuve, tellement nette qu'elle t'aurait lavé de ta saleté. Le bâtard tout seul dans sa misère, on le chercherait en vain au milieu de cet ordre et de cet amour : c'était là pour toi la seule destinée possible. L'as-tu dit, ça, oui ou non ?

TIT-COQ

Si je l'ai dit, je savais pas ce que je disais.

LE PADRE

Tu le savais ; tes actes l'ont prouvé pendant deux ans. Cette femme-là, tu l'aimais moins pour elle-même que pour ce qu'elle allait t'apporter. Ça aussi, tu l'as prouvé. (*Se tournant vers elle.*) T'es-tu demandé, Marie-Ange, pourquoi il ne t'a pas épousée, avant de partir ?

TIT-COQ

J'avais mes raisons.

LE PADRE

(*A* MARIE-ANGE.) Oui, une raison bien logique, bien émouvante pour un homme qui n'a jamais connu son père : il voulait embrasser dès le premier jour l'enfant qu'il aurait de toi ; il ne voulait pas le priver une heure d'une tendresse qu'il n'avait jamais éprouvée, lui. Et cette passion-là, Marie-Ange, était plus forte, à elle seule, que tout son désir de te posséder. Ton corps — ton corps qui vieillira — a perdu la partie il y a deux ans ; comment peut-il espérer la gagner maintenant ?

MARIE-ANGE

Ce n'est plus à moi de répondre.

TIT-COQ

Non, parce que c'est à moi. A moi. (*Sous le nez du* PADRE.) Ça ne tient pas debout, ce que vous dites. D'accord, je le voulais tout ça. Je le voulais comme un maudit toqué. Mais c'est fini, maintenant, c'est perdu ! Raison de plus pour la garder, elle : elle est tout ce qui me reste. Il y a toujours des limites à se faire arracher le cœur !

LE PADRE

(*Simplement.*) C'est vrai, elle est tout ce que tu as, mais aussi tout ce que tu auras jamais. En quittant son mari pour te suivre, elle peut t'empêcher d'être seul, oui ; mais par le fait même elle te condamne à être toujours seul avec elle, à ne jamais avoir ce que cent mille femmes peuvent encore te donner.

TIT-COQ

Quoi ?

LE PADRE

Tout ce que tu voulais — un foyer, des enfants, l'affection d'une famille, le respect de toi-même et d'autrui — tout ce bonheur est encore possible avec une autre. Rien n'est perdu, sauf elle.

TIT-COQ

Et l'amour, qu'est-ce que vous en faites ?

LE PADRE

L'amour ?

TIT-COQ

Ouais ! l'amour. Ça ne compte pas dans votre monde ; mais dans le nôtre, ça compte. Si on est montrés du doigt ici, on sacrera le camp au diable vert, et on arrivera bien à être heureux quand même. Elle m'aime, elle, et ça me consolera de tout le reste... Parce que l'amour, c'est fort. C'est plus fort que tout, vous saurez. Plus fort que tout !

LE PADRE

Si c'était si fort, l'amour, elle ne t'aurait pas oublié, elle.

A C T E I I I

TIT-COQ

(*Menaçant.*) Qu'est-ce que vous dites ?

LE PADRE

Oui, ça peut exister, un grand amour et, pour un temps, compenser bien des épreuves. Mais ce n'est pas là le sentiment qu'elle a pour toi, l'amoureuse qui t'a abandonné sans même avoir l'honnêteté de t'écrire sa décision, qui a juré, devant Dieu et devant les hommes, fidélité à un autre pour la vie et qui est prête, maintenant que son mari est loin lui aussi, à te retomber dans les bras. Cette femme-là n'a pas fini d'être faible.

(MARIE-ANGE *s'est caché la figure dans ses mains.*)

TIT-COQ

(*Les poings serrés, devant le* PADRE.) C'est assez !

LE PADRE

Si elle avait aujourd'hui le courage de te suivre dans un pays inconnu et de braver l'existence de misère que tu lui proposes, elle aurait eu la force de t'attendre deux ans.

TIT-COQ

(*Hors de lui-même.*) C'est assez ! C'est assez !

LE PADRE

(*Constatant l'exaspération de* TIT-COQ.) Oui, c'est assez. Ce que j'avais à dire pour vous convaincre, je l'ai dit. (*Navré.*) Je ne peux rien de plus. J'ai fait la lumière :

c'est à vous de voir clair ou de fermer les yeux. Votre vie vous appartient ; vous êtes libres de la gâcher, si vous y tenez.

(*Il sort.*)

TIT-COQ

(*Que la retraite subite du* PADRE *a laissé un instant hébété.*) Tu ne vas pas le croire, hein ? Tu ne vas pas te laisser arracher de moi parce qu'il a passé entre nous deux, lui ?

MARIE-ANGE

(*Accablée.*) Il a raison, il a raison...

TIT-COQ

Non !

MARIE-ANGE

Maintenant qu'on est seuls, tu peux bien l'admettre.

TIT-COQ

Non, Marie-Ange ! Fallait pas l'écouter.

MARIE-ANGE

On n'a plus de chance, tu le sais. (*Obsédée.*) J'ai tout gâché... tout gâché !

TIT-COQ

Tout ce qu'il voulait, c'était t'humilier, te salir pour que je me tourne contre toi. Mais aie pas honte... aie honte de rien. Je t'ai pardonné, entends-tu ? Tout ce que tu as fait, c'est effacé, c'est fini !

MARIE-ANGE

Tu me pardonnes...

TIT-COQ

Oui, parce que la faiblesse humaine, c'est pour les humains. Et à tout péché miséricorde !

MARIE-ANGE

On peut tout se faire pardonner, même d'avoir tué... Mais le pardon, ça ne ressuscite pas ce qui est mort. Ça n'efface pas les conséquences.

TIT-COQ

Je les accepte, les conséquences !

MARIE-ANGE

(*Lasse.*) Pour le moment, oui... sans trop savoir ce que tu dis... mais pour combien de temps ?

TIT-COQ

Je te jure, Marie-Ange, que je t'aimerai toute ma vie !

MARIE-ANGE

Il faut tant de raisons pour aimer toute la vie. Tu en aurais tellement d'en venir à me détester.

TIT-COQ

(*Sentant qu'elle lui échappe.*) Viens-t'en, Marie-Ange ! Tu as promis...

MARIE-ANGE

Le jour où tu te débattrais contre la tentation d'aller chercher ailleurs ce que tu voulais, ce que tu voudras toujours, qu'est-ce que j'aurais, moi, pour te retenir ?

TIT-COQ

Non... jamais je te quitterai, jamais !

MARIE-ANGE

Qu'est-ce qui resterait de notre bonheur, ce jour-là ?

TIT-COQ

(*Désespéré.*) Il resterait l'enfant... l'enfant que tu peux encore me donner !

MARIE-ANGE

(*Se cachant la figure.*) Non ! Pas ça, pas ça ! (*Instinctivement, elle s'est éloignée de lui.*) Tu n'en voudrais pas, de cet enfant-là... parce qu'il serait, comme toi, un...

TIT-COQ

(*L'arrête d'un cri sourd.*) Non !

MARIE-ANGE

...par ma faute. (*Elle pleure.*)

(TIT-COQ, *brisé, s'est écroulé sur une chaise et sanglote.*)

MARIE-ANGE

(*Après un temps.*) J'ai dit que je te suivrais aussi longtemps que tu voudrais de moi. Et rien ni personne n'aurait pu me retenir. Mais tu ne veux plus de moi, à présent, tu le vois bien... Tu ne veux plus de moi.

(TIT-COQ, *prostré, ne répond pas.*)

MARIE-ANGE

Maintenant, pars, pendant qu'on voit clair. Va-t'en, sans regarder en arrière, jamais... et oublie-moi.

TIT-COQ

(*Repousse l'idée, la tête dans ses mains.*) Non.

MARIE-ANGE

C'est pas facile, pour moi non plus, de te demander ça, tu peux me croire, mais j'aurai eu au moins ce courage-là, dans ma vie. (*Soumise à l'inévitable.*) Oui, tu vas m'oublier : ce que je t'ai volé, il faut qu'une autre te le rende. Autrement, le sacrifice qu'on fait serait perdu. (*Tournée vers le mur.*) Va, Tit-Coq... va !

TIT-COQ

(*S'est levé, péniblement. A travers ses larmes, sans jeter les yeux sur elle et presque tout bas.*) Adieu.

MARIE-ANGE

(*Dans un souffle.*) Adieu, oui.

(*Il sort, tel un homme harassé qui commence un long voyage.*)

RIDEAU

SOMMAIRE

Achevé d'imprimer sur les presses de
L'IMPRIMERIE ELECTRA*
*Division de l'A.D.P. Inc.

Imprimé au Canada/Printed in Canada